0歳からの ニューヨーク流
おうちでできるモンテッソーリ教育

タラ・グリーニー 著
久保陽子 訳
田中昌子 日本語版監修

MONTESSORI AT HOME
A Practical Guide for Parents
by Tara Greaney

First Published in English by Rockridge Press, an imprint of Callisto Media, Inc.
Japanese translation rights arranged with CALLISTO MEDIA, INC.
through Japan UNI Agency, Inc., Tokyo
Photo:Natalia Deriabina,Arturs Budkevics/Shutterstock.com

装幀・本文デザイン
城所潤＋関口新平
JUN KIDOKORO DESIGN

日本語版監修者より　みなさまへ

約三〇年前から「おうちでできるモンテッソーリ」を提唱し、モンテッソーリで子育て支援を続けてきた私が、この本とめぐりあい、こうしてみなさまにご紹介できることを幸せに思います。なぜなら本書の原題は『家庭におけるモンテッソーリ教育』（MONTESSORI AT HOME）であり、モンテッソーリの理念を家庭に取り入れるにあたって大切なことがすべて書かれているからです。

おうちで実践したいと意気込んで始めても、いざやってみるとわからないことが多く出てきますが、一つ一つのやり方について、ここまで細かく記載されている本は他にありません。特に人生を左右すると言っても過言ではない〇歳から三歳までの時期について、準備すべき用具、手順、言葉の使い方に至るまで丁寧に解説されていますので、初めて親になった方でも迷うことなく取り入れることができるでしょう。もちろん『ニューヨーク流』とあるように、日本とアメリカでは、住環境や生活習慣の違いもありますので、監修にあたってはその違いを踏まえたうえで、読者のみなさまが実践できるように留意しました。

モンテッソーリ教育の根幹である「子どもが主体」「大人はガイド」という大切な理念は普遍的なものですが、実践部分では教師養成コースによる違いが多少あります。また、ベッドの選択やスクリーンタイム、トイレットラーニング、敏感期の区分など、監修者と見解が異なる部分も含まれていますが、本文訳に関しては原著を尊重し、読者の理解を深めるために注釈（＊）で補いました。

モンテッソーリの子どもの見方と援《たす》け方を知るだけで人生が変わる、モンテッソーリ園と同じようにモンテッソーリ教具を取り揃えなくても、身近にあるものでこんなにも素敵なモンテッソーリ教育がおうちで実践できる、この本からはそんなメッセージが伝わってきます。

一人でも多くの方がこのメッセージを受け取って幸せになれることを祈ってやみません。

田中　昌子

本文中の「＊」は日本語版監修者による注釈です。

はじめに

わたしが幼児教育に情熱を傾けるようになったきっかけは、人形や赤ちゃん、小さな子どもが好きだったことにあります。二〇人のいとこのなかで一番年長だったからか、大家族に人気のベビーシッターとして、町で知られるようになりました。アイルランドからアメリカに移住してきたわたしの家族は、教育を重視していました。学びは生涯続くものであり、日が昇り沈むまで、生まれてから息絶えるまで、毎日新しいことを学んでいくのだと、子どもたちに伝えていました。

大学に進学し、モンテッソーリ教育のトレーニングプログラムを知ったわたしは、幼児期初期の教育を研究しました。卒業後はニューヨーク市で最初に設立されたモンテッソーリスクールである、キャドモン・スクールのスタッフになり、校長のダグラス・グラベルや、当時の担当教官でのちに校長に就任したキャロル・デヴィーンのもと、教育現場や生涯学習の場におけるモンテッソーリ教育者を目指して学びました。それからの約五〇年は、毎日が喜びの連続です。

現在では世界一一〇ヵ国以上に、乳児から高校生までの子どもを対象にした何千もの公立、私立のモンテッソーリスクールが存在します。アメリカでは、モンテッソーリ教育を受けている子どもが通うスクールの大半は、三〜六歳を対象としたプリスクールです。

モンテッソーリ教育の特徴は、子どもの選択を尊重し、ひとりひとりのあらゆる潜在能力を最大限に伸ばせるよう見守る点です。さまざまな特別支援を必要とする子どもを含め、全ての子どもを注意深く見守り、検証し、環境を整えることで、自信と自立心を育てていきます。整えられた環境があると、子どもは自分で選択できるようになります。目の前の物事を観察し、まねし、かかわりを持ち、計画し、考え、吸収し、自分の世界をしっかりと歩んでいく時間をすごすのです。

モンテッソーリ教育には、子どもとかかわる親や家族、教師、保育者はだれでもトレーニングを積めば「ガイド」になれるという信念があります。ガイドはそれぞれの発達段階で子どもを観察し、次の課題へ移行できるか見極めます。わたし自身や読者のなかにも通っていた経験のある方がいらっしゃる従来型の幼稚園とは違い、モンテッソーリ園ではオリジナルの教具を使います。算数の基礎は実際に数えられる教具を使って学びます。文字の読み方の準備としては、まず砂文字板を触り、なぞることから始めます。幼い子どもは教具を使って、概念を理解したり、間違いに気づいたり、学びが大好きになったりするのです。全ての過程において、モンテッソーリ教育の主体は子どもです。ガイドは子どもを観察し、その子がいま、取り組む準備ができていること、達成できることを提供します。そして自己肯定感と自信を育んでいくのです。

だからこそ、わたしはいまも情熱を持って、乳児期や幼児前期の子どものためのモンテッソーリ教師のトレーニングをしています。そしてこの本を、おうちでモンテッソーリ教育を取り入れたいと考えている親御さんに向けて書きました。手に取ってくださった方々のご期待に添えば、とても嬉しく思います。モンテッソーリ教育の生みの親であるマリア・モンテッソーリがどのような人物で、世界中の何百万人もの子どもたちの人生にどのように影響を与えてきたかについて、幅広く知っていただければ、これ以上の喜びはありません。

この本では、子どもが生まれてから六歳になるまでの時期に焦点を当て、年齢ごとの発達の指標や課題を示しています。また、モンテッソーリの理念に基づく子育てを最良の形で実践できるよう、家庭環境を準備するための、わかりやすく、役に立つガイドラインも示しています。

子どもと一緒に取り組める、有意義なゲームやエクササイズも紹介します。どれも年齢に合わせて、発達目標に到達できるよう工夫しています。まずは子どもが生まれて、あなたが親になり、最初の二、三ヵ月から一歳の誕生日を迎えるまでについて。そして年齢が上がってからは、子どもの成長に応じて部屋のレイアウトや家庭での教え方、接し方をどう変えていくか。さらに、新たな発達段階に入る六歳までや、幼稚園への入園などについても記しています。

子どもがどの敏感期にあるかを、発達の段階に応じて、どう観察して把握し、環境を整えればいいのか。そして感覚や数、言語、社会性、感情の発達を促すにはどうしたらいいのか、アイデアを記しています。ご自由に選んで参考にしてください。なにより大切なのは、子育てを楽しむことです。

著者

目次

第2部 モンテッソーリ教育を実践しよう 73

アメリカと日本の幼児教育制度は異なるため、翻訳にあたり、「school」は幼児教育施設のみを指す場合には「園」と訳しました。アメリカで主に三～六歳児が通う「preschool」はそのまま「プリスクール」とし、主に五～六歳児が通う「kindergarten」もそのまま「キンダーガーテン」としています。（編集部）

第１部

保護者のためのモンテッソーリ教育ガイド

第1部では、モンテッソーリ・メソッドの基本的な考え方と、なぜそれが世界中で子どもとのかかわり方として支持され続けてきたかについて、明らかにしていきましょう。モンテッソーリの教育学、つまり理念と教え方を深く理解すると、第2部で紹介するような方法で、家庭と子どもの生活に、しっかりとモンテッソーリ教育を取り入れることができます。

第1章 モンテッソーリ教育入門

モンテッソーリ教育の世界へようこそ。この章では、子どもの身体面、社会面、感情面、認知面、道徳面の発達を促すモンテッソーリ・メソッドの基本的な考え方についてお伝えしましょう。本書では実践的な方法を示していきますが、それを最大限に活用するために、大切な内容です。

なぜモンテッソーリなのでしょう？

お子さんを入園させるのがモンテッソーリ園であれ、従来型の園であれ、日々の生活にモンテッソーリ教育の理念を取り入れる方法はたくさんあります。子どもは乳児期から全ての感覚を使い、周りの世界のあらゆる物事を吸収していきます。モンテッソーリ教育の生みの親であるマリア・モンテッソーリはそれを「吸収する精神」と呼びました。そして子どもが生活する環境を整えることや、子どもがなにに熱中しているかを見逃さないようにすること、子どもに敬意を持つこと、制限のある自由を与えることの重要性を強調しました。子どもをあるがままに客観的に観察すれば、その子にぴったり合った家庭環境を整えられ、潜在能力を引き出すことができるのです。

自立心

モンテッソーリ教育では、子ども自身が選択し、学び、身の回りのことに自分で対処する練習をします。それが学びへの欲求や、物事を追求する意欲を培《つちか》います。

気品と礼儀

モンテッソーリ教育では、他人にどのように接し、どのように行動するかを子どもに提示します。子どもは相手の気持ちを敏感に察するようになり、共感力を高め、他の子どもや大人に対するふさわしい言葉づかいを学んでいきます。

学びへの欲求

モンテッソーリ・メソッドにより、毎日が新しい知識を得る冒険の日々になります。そして、子どもは幼いうちから学びへの欲求を培っていきます。

自信

子どもが自分で選択できる環境に置かれ、やりとげられる教具を与えられ、自分に敬意を持って接する大人に囲まれると、幼いころから自然に自信をつけていきます。

高い自己肯定感

子どもは生まれたときから自己肯定感を持っています。モンテッソーリ教育が着目するのは、他者とのスムーズな社会的交流を通して、自己肯定感を高め、発達させることです。生まれたときから大人が敬意を持って接すれば、子どもは無意識のうちに、吸収する精神によってその敬意を自分に取り込み、それが自己肯定感の種となるのです。

問題解決能力

マリア・モンテッソーリは二度の世界大戦を経験したことで、平和と社会正義の必要性を強く認識していました。モンテッソーリ・メソッドでは、クラスの子どもに、他の子からどう接してほしいかガイドラインをつくることを勧めています。そして、他の子が設定したガイドラインにも従うよう勧めています。子どもが従わない場合、「平和のテーブル」につき、お互いの違いについて話し合って解決するよう促します。この過程を経て、人はそれぞれ違うことを自然に学んでいきます。

秩序を求める

モンテッソーリ・メソッドは、子どもが本来持っている秩序感（33ページ参照）にもとづいています。そのため、子どもは身の回りの物がきちんと整理整頓されていて、自分のいる環境をうまくコントロールできていると心地よく感じます。これは家庭でこそ役立てられます。

好奇心

子どもが新しい経験や活動をしたり、新しい物事を発見したりするときは、子どもにあなたのガイドになってもらいましょう。好奇心を共有し、手を止め、子どもの目線で周りを見るのです。子どもにたくさん質問しましょう。「どうしてこのイヌはしっぽを振っているのかな?」「石けんを洗面器の水に入れたら、沈むかな? 浮くかな?」「クッキーはどうやって作るのかな?」。子どもの好奇心に寄り添えば、子育ての楽しさはより大きくなります。

マリア・モンテッソーリの生涯と業績

現在では世界中に何千ものモンテッソーリスクールがあり、何百万人もの子どもたちが通っています。マリア・モンテッソーリの類いまれな独創性と決断力なくしては、どのスクールも存在しえませんでした。

マリア・モンテッソーリは一八七〇年、イタリアの労働者階級の町キアラヴァッレで生まれました。世界中の多くの女性たちとは違い、キアラヴァッレの女性たちは、富と力を得る機会に恵まれていました。働く女性たちは労働組合を作り、労働者や家族の状況を改善していきました。このことが、モンテッソーリの子ども時代に影響を与えました。

モンテッソーリが六歳のとき、一家はローマに引っ越しました。そして一三歳のとき、モンテッソーリは両親を説得し、ほとんど男子ばかりの学校に入学します。さらに異例なのは、二〇歳でローマ大学に進学したことでした。そこで医師を目指して勉学に励みながら、精神疾患や発達障害があるとみなされた子どもたちの施設に通いました。モンテッソーリは主に聴覚障害児に関する研究で知られるフランスの医師ジャン・イタールや、知的障害に関する研究で名高いエドゥワール・セガンに関心を持ち、子どもの認知面や社会面、感情面の発達や遅れに注目するようになりました。

二九歳のとき、モンテッソーリはさらに当時の常識をくつがえす行動をとります。未婚で息子マリオを出産したのです。困難に直面しながらも、モンテッソーリは女性の教育や賃金平等について率直に意見を表明していきました。そしてローマのオートフレニック・スクールの校長に任命され、精神疾患や発達障害があるとされる子どもたちと向き合う教師たちをトレーニングしました。

一九〇七年には、ローマの低所得者層の居住エリアで恵まれない三〜六歳の子どもたちのために新設された、「カーサ・デイ・バンビーニ（イタリア語で『子どもの家』の意）」という名の施設の監督を依頼されました。ここでモンテッソーリは、現在でもモンテッソーリ教育施設でおこなわれている独自の教育法を実践しました。子どもが自分の感覚を通して学び、自分のペースで行動し、整えられた環境のもとで自由に探索し、確固たる自立心を養えるよう促したのです。一九〇九年には、『モンテッソーリ・メソッド』を出版し、これまでに一〇ヵ国語に翻訳されています。

その後、子どもの家をさらに二校新設し、対象を小学生にまで広げました。一九二〇年には思春期も研究対象にして、子どもたちを教育する教師を「ガイド」としてトレーニングしました。

そして講演や執筆活動、また、世界中に開校したモンテッソーリスクールでのトレーニングプログラム構築のため、アルゼンチンやアイルランド、ドイツ、インド、パキスタン、スウェーデン、スリランカなどを訪れました。アメリカでは一九一一年にニューヨーク州スカボローに初のモンテッソーリスクールが開校し、一九一六年までに全米で一〇〇校以上に広がりました。

第一次世界大戦により、モンテッソーリ教育への人々の関心は下火になりましたが、モンテッソーリは活動を続けました。そして一九二九年、息子とともに国際モンテッソーリ協会（ＡＭＩ）を設立しました。モンテッソーリは数多くの書籍を執筆し、一九四九年から三年連続でノーベル平和賞にノミネートされました。一九五二年に亡くなった後も、その功績は生き続けています。一九五〇年代から六〇年代にかけて、モンテッソーリスクールへの人々の関心は再び高まり、一九六〇年にはアメリカン・モンテッソーリ協会（ＡＭＳ）が設立されました。現在、アメリカには約五千校のモンテッソーリスクールが存在します。

モンテッソーリの基本的な考え方

モンテッソーリの理念は七つの基本的な考え方に根付いています。具体的な教育法のアドバイスや手順は第２部でご紹介しますが、全てこの考え方に基づいています。

吸収する精神

その子が目にするものは、記憶に残るだけではありません。
魂を形作っていくのです。

――『子どもの心――吸収する心』

モンテッソーリは、子どもは生まれてから三歳まで、無意識の吸収する精神を持つと考えていました。自分の感覚を通して世界の情報を豊富に取り込み、身の回りの環境について基本的な考え方を形成していき、それがその後の人生に影響するという考えです。三歳以降は意識的な吸収する精神を持ち、随時、意図的に新しい情報を求めていきます。乳児は家庭で使われている言語を無意識に吸収します。四歳の子どもは、本の読み方を学びたいと意識的に思うようになります。

重要なのは、生まれてからの数年間に、触覚、味覚、嗅覚、視覚、聴覚を刺激し、感覚を洗練させる体験です。子どもが話せるようになる前から話しかけ、あなたの熱意を子どもと共有しましょう。子どもはあなたの声色から熱量を感じ取り、一緒に楽しもうとするでしょう。自然散策に連れていけば、自然界への好奇心を抱くでしょう。美術館へ連れていけば、芸術鑑賞の素地を養えます。乳幼児期の子どもは、見て聞いて触れる物だけでなく、あなたの熱意をも吸収するのです。

観察

子どもの物事への取り組み方は、尽きぬ発見の泉のようです。

――『子どもの心――吸収する心』

モンテッソーリは子どもを観察し、与えられた環境のもとでどのように知識や経験を無意識に吸収しているのか、さまざまな原因と結果から理解していきました。

あなたは親として、子どもとても個人的な関係にあります。子どもの発達のためには、客観的に観察を続けることが大切です。一歩引いて見守れば、子どもが自ら進む方向を決め、親はそれに合わせて環境を調整できます。

整えられた環境

環境を整える第一の目的は、

子どもをできるだけ大人から遠ざけ自立させることにあります。

――『幼児の秘密』

モンテッソーリは子どもを観察し、子どもにはとても多くの知識を周囲から吸収し、記憶する能力があると知りました。そして、その能力を伸ばすための環境をデザインしました。モンテッソーリ教育の環境を構成する要素は、主に三つあります。部屋と家具の配置、本物の素材、ガイドであるモンテッソーリ教師（または親）です。このうちモンテッソーリ教師には、子どもを観察し、活動を準備して導く役割があります。

教室や家は、子どもが自由に動き回り、交流し、シンプルな選択をおこなえる空間でなければなりません。全ての物が子どもの視界に入り、手の届くように配置します。家のなかは清潔で、秩序があり、自然の素材や植物が多く、健全で、子どもにとっても大人にとっても安全に活動できる場所にしましょう（次の章では、家のなかがこうしたモンテッソーリ教育の特徴に合致しているかどうか、確認する方法をお伝えします）。

制限ある自由

子どもは乳離れした瞬間から、自立への道を歩み始めるのです。

――『The Montessori Reader』

子どもは生まれたときから、自分のいる環境を自由に探索することが大切だと、モンテッソーリは考えていました。もちろんなんらかの制限のある自由です。親やモンテッソーリ教師には、この環境を準備する役割があります。それは子どもの安全のためだけでなく、決められた範囲内にいる安心感を与えるためでもあります。

第2部で記しますが、運動はとても重要です。乳児はさまざまな種類の布の上で過ごさせて、素材にじかに触れて探索できるようにしましょう。子どもが歩けるようになったら、夢中で遊べるおもちゃや活動を組み込んだ環境が必要です。成長に合わせ、選択する自由をあらかじめ決められた制限のなかで与えるのが良い方法です。そのような自由が、自己肯定感と自立心を高めます。

子どもが主体

大人は環境を形作る手伝いはできますが、自己を完成させるのは子ども自身です。

――『幼児の秘密』

モンテッソーリ教育をおこなっていくと、親は子に好奇心を強制できないと気づくでしょう。子どもの選択を尊重し、認めることが大切です。数字や虫、音楽、物語、ダンスなどに興味を示すかもしれません。子どもは、興味を持ったものに繰り返し夢中で取り組み、上達しようとするでしょう。

子どもがなにに興味を持ったかをメモしておき、新しい教具を用意したり、これまでにない経験をさせたりして、興味を育てるようベストを尽くしましょう。子どもの目を通して、世界を見て楽しんでください。

自立心

子どもが活動に興味を持ち、自ら経験できるよう促す動機づけが
豊富にある環境が必要です。

——『私のハンドブック』

乳幼児期に、整えられた環境のなかで自由を与えられると自立心が育ち、動き回り、選択し、自分のことを自分でするようになります。成長につれ、見聞を広め、知識を探求する意欲が強くなります。自立心がなければ、見知らぬ人や文化、経験、場所、道具との出会いを求めようとはしません。独創的に自分を表現する自信もつきません。

子どもに敬意を持つ

子どもは敬意を持つべき存在です。
わたしたちより純粋で、将来の大きな可能性を持っています。

——『私のハンドブック』

子どもに敬意を持つとは、あなたの時間を使い、注意を向ける価値がある存在だと子どもに示すことです。時間を使い、注目し、子どもが成長する各段階を楽しんでください。あなたのその敬意で、子どもは自信をつけ、自己肯定感を高め、探索する意欲を養っていきます。どれも、子どもの可能性を最大限に高めるために重要です。

子どもだからといって、感情を真正面から受け止めなくていい相手とみなしてはいけません。「敬意を持つべき相手」として接します。たとえば、よちよち歩きの子どもが転んでひざをすりむいたとき、多くの親は「心配いらないよ。大丈夫」と言ってなだめようとするでしょう。しかしそれよりも、ケガの状態をきちんと伝え、痛みはいずれ消えると教えるほうが良いのです。「ひざが痛いよね。夜ごはんのころまでは痛いかもしれないけど、だんだん痛くなくなるよ」。こうすることで、順応性が育っていきます。

「敏感期」とは

モンテッソーリによる発達理論は、生まれてから二四歳までの、認知面、精神面、道徳面、感情面、社会面、身体面といった、発達についての全体的な枠組みを示すものです。モンテッソーリは人間の成長を四つの段階に分け、どの段階にも六年の期間があるとしています。乳幼児期（身体的自立）、児童期（精神的自立）、思春期（社会的自立）、青年期（心理的・道徳的自立）です。

モンテッソーリは第一段階を、子どもがさまざまなスキルを身につけ、興味を持つ

「敏感期」としています。この時期に、子どもは意欲的に練習してスキルを習得します。敏感期はその子どもに必要な期間にわたり続きます。定まった時期に始まって終わるわけではありません。

次ページで、第一段階、つまり生まれてからの六年間の敏感期の子どもの様子を表にしました。家のなかを整えるにあたり、ぜひ覚えておきましょう。

敏感期	年齢	解説
言語 言葉以外のコミュニケーション	誕生〜7ヵ月	音を発したりジェスチャーをしたりして、反応を見る。
言語 話し言葉でのコミュニケーション	7ヵ月〜3歳	特定の音が特定の結果につながることを記憶していく。すぐに一単語の文や、二単語の組み合わせ、文法、構文を記憶するようになる。
言語 さまざまなコミュニケーションの形	2歳半〜5歳	文字が音を、音が言葉を表すことを知る。
言語 読み	3歳半〜4歳半	文字を組み合わせて、声に出して読む。
言語 読み書き	4歳半〜6歳	文を読み始め、書くことに興味を持ち始める。
秩序	誕生〜1歳	見えるもの、聞こえるもの、触れたもの、味わったもの、嗅いだものの存在に気づく。
秩序	1歳〜3歳半	対象物の秩序にこだわる。

＊敏感期の分類方法や年齢には教師養成コースによってかなり違いがあります。

運動	誕生〜2歳	乳児期は体の動かし方を覚える。寝返り、おすわり、ハイハイ、つかまり立ち。一歳前後にはつたい歩きをし、やがてひとり歩きするようになる。
運動	2歳半〜6歳	かなりの距離をひとりで歩く。大小の筋肉がうまく連携するようになる。
排泄	1歳〜3歳（文化による）	自分の体に入るものと、体から出るものに興味を持つ。
気品と礼儀	2歳半〜6歳	話し方を学び、他人とコミュニケーションをとり、思いやりや共感を示すようになる。
小さな物	1歳〜6歳	詳細な部分に対する注意力を発展させ、小さな物に魅了される。
音楽	2歳〜6歳	リズムや韻音の調子、メロディに興味を示す。
感覚	誕生〜2歳	身体の動きや音を通じて、出あった物事に対して好き嫌いの反応を示す。
感覚	2歳〜6歳	周りの世界について、言葉と全ての感覚を用いて推測する。

傾向性

モンテッソーリは、何十年にもわたる研究に基づいて、全ての子どもは傾向性を持って生まれてくるという結論を導き出しました。傾向性とは、生まれながらの思考や行動に関する特定の傾向のことで、モンテッソーリはそれを一一項目定めました。

＊敏感期と異なり、一生続くもので、日本では「人間の傾向性」と呼ぶことが多い。

見当識

子どもは生まれたときから、自分の居場所を知りたがります。乳児は全ての感覚を使って、自分のいる位置を知ろうとします。見て聞いて、母親の匂いを探して嗅いで、触って感情的なつながりを持とうとします。もう少し自立して、よちよち歩きの時期になると、物の位置や、さまざまな状況での自分の居場所を知りたがります。二歳になると、遊ぶ場所、食事をする場所、寝る場所、ときにはおばあちゃんの家や食料品店への道のりを知りたがります。周りの世界との関係性のなかで、居場所を知りたがるのです。

前述しましたが、子どもの環境に十分に気を配ることが大切です。子どもは、家のなかでソファーや本棚がどこにあるか知っていると、心地よく過ごせます。家具を移動すれば、子どもは混乱します。まだ赤ちゃんなら、話しかけて位置を認識できるようにしましょう。あなたがいまなにをしていて、どこへ向かっているのか、赤ちゃんが気にしそうなときは言葉で伝えましょう。言葉を理解できなくても、あなたの声の調子や大きさで安心します。子どもはあなたの声によって、家族のいる安全な場所にいるとわかります。やがて子どもはあなたの行動パターンを覚え、説明を理解するようになります。あなたが思っているよりも、はるかに多くのことを吸収していくのです。

秩序

見当識といくらか関係しますが、子どもはみな安心感を求めています。秩序の整った環境は、雑然とした環境よりも予想がつきやすく、大きな安心感があります。子どもは物の定位置を知りたがります。物を定位置に置くことで、落ち着きを感じます。特に服やおもちゃといった、子どもがよく使う物の定位置がどこなのか示すように気を配りましょう。また、決まった手順を整えておくと、子どもは次になにが起きるのか予想できて秩序感を得られます。入浴の後は読み聞かせをしてから眠りにつく、という具合です。外的な秩序により、内的な秩序も保たれます。

探求

子どもは生まれつき、周りの世界について学んで理解したいという欲求、つまり新しい物事を発見したいという好奇心を持っています。この特性を伸ばすには、乳児期から安全で美しい織物や音、香り、色、物で囲み、目に入るものは全て手に届き、触れられるようにしておくことです。興味を持った物が手の届かないところにある環境では、意欲を失います。ひとり歩きを始める前には、寝返りやずりばい、ハイハイ、つかまり立ちを安全な場所でのびのびとできる環境を準備しましょう。

コミュニケーション

人は生まれながらにして、コミュニケーションしたいという欲求を持っています。他人と理解しあおうとします。乳児はまず音を出して（泣くこともその一つです）、お腹がすいた、疲れた、おむつが汚れた、退屈だ、などの状態を伝え、コミュニケーションをとろうとします。両手を挙げたり、首を振ったりするなどのジェスチャーによって、感情を伝えます。そして次第に特定の音が、欲しいものや必要なものと結びつくことを学んでいきます。「ママ」と言えば母親の注意を引くことができ、「クッキー」と言えばクッキーがもらえる、ということです。

環境を整えるうえでも、コミュニケーションを考慮することが重要です（81ページ参照）。準備した物について、言葉で表現するようにしてください。たとえば「毛布はやわらかいね」「オートミールは温かいね」と言います。家庭の日常会話では出てこない語彙を伝えるために、本も活用しましょう。まずは、日常で使う物の写真がたくさん出てくる本から始めると良いでしょう。家族やペットの写真をまとめたアルバムから始めるのもおすすめです。

活動

モンテッソーリの考え方の核の一つとして、子どもはやってみることで学んでいき、学んだことを他人に教えるとより深く学べるというものがあります。たとえば四歳の子どもは、妹、弟など年下の子どもが上着のボタンをはめたりファスナーを閉めたりするのを手伝ったりします。認識した情報を吸収する能力は、大人と同じように、体を動かしているときに高まります。わかりやすい一例は、積み木を積むときに、一つ、二つ……と五つまで数えるケースです。積み木を積む活動は、数えるという決まった手順を身につけるのに一役買い、やがて一対一対応につながっていきます（このような活動は第2部で多数ご紹介します）。

手を使う作業

子どもが環境を理解するには、触ってみる必要があります。特に幼い時期です。成長するにつれ、子どもは経験から知識を得て、それに基づいた概念によって理解するようになりますが、六歳までは手を使うのが一番です。物の手触りや重さ、温度を感じれば、脳により多くの情報が伝わります。積み木を一個手に持って一〇個と比べれば、違いを見て感じられます。大昔から、人類がさまざまな初めての道具を作るときにも、手を使って作業し作り上げてきたのです。

お仕事

人には誰でも、取り組む仕事があります。それはモンテッソーリが生きた時代も現代も変わりません。子どもにとって、お仕事は遊ぶことです。遊びこそが子どもの取り組むべきことです。動き回る、さまざまな物を扱う、小さいけれど重要な発見をする――全てが子どものお仕事です。モンテッソーリは、子どもはお仕事を通して達成感を得て、自己肯定感を高め、自分自身を理解していくと考えました。

子どもは自立を求めているので、家であなたがするのと同じことをしたがるでしょう。あなたがすることに子どもを参加させ、年齢に合わせた、子どもにもできる活動を考えましょう。一歳なら、おもちゃをひろってかごに入れる。二歳なら、洗濯した服を種類別に分ける。三歳なら、テーブルを拭いたり床をはいたり、草むしりをしたりといったことも楽しんでくれるでしょう（年齢に合った、より多くの活動の例は第2部でご紹介します）。

繰り返し

子どもは身につけるまで活動を繰り返します。そして大きな達成感を得ます。身につけると、ただ楽しみのために繰り返すことがよくあります。乳児でも、吊るされた鈴入りのボールを足で蹴れば音がすることを学び、何度も繰り返します。幼児は本を読んでと、あなたに何度もお願いしてくるかもしれません。繰り返しによって記憶が鮮明になり、次になにが起きるかがわかり、心が安まるのです。

正確さ

後述しますが、モンテッソーリ教具の正しい使い方は一つだけです。そのため子どもは、いわばパズルのピースが合うかどうかといった判断がすぐにできます。子どもは正確さを好む傾向があり、予測可能で安定的な秩序感を備えた教具によって、大きな満足感を得ます。

抽象化

子どもはまず、ボール、人形、イヌ、積み木、瓶など、周りの世界にある物の名前を覚えます。成長するにつれ、物についてより抽象的な思考を始める傾向にあります。一本の枝を旗に見立てたり、毛布をマントに見立てたり。抽象化は高度な認知機能の表れで、子どもの創造力と想像力を高めていきます。

自己完成

わたしたち人間は、なんでも正確であることを好みます。詩であれ歌であれ、ダンス、関係性、パズル、レシピであれ。これは生まれたときからです。子どもは繰り返しにより、完全に身につけるまでスキルを磨き続けます。ですから、子どもが皿の上の豆をスプーンですくおうと決めたのなら、そのまま見守りましょう。課題を完璧にこなしたときに得られる達成感が、自己肯定感と自信につながります。

モンテッソーリスクールのいま

モンテッソーリスクールがアメリカで広まったのは、一九六〇年代です。そのころ、文化は変わり、多くの母親が働きに出るようになりました。六歳以下の全ての子どもに教育が必要という考え方が教育関係者に広まり、託児施設とプリスクールがその役目を担うようになりました。早期教育への関心が高まった背景として、テレビ番組「セサミストリート」や、低所得者層の幼児のための国家的プログラム「ヘッドスタート」、そして一九五七年のソビエト連邦（現ロシアなど）による「スプートニク一号」の打ち上げなどが挙げられるでしょう。進歩的な教育をおこなうプログレッシブスクールで特に大きかった要望は、革新的な教育プログラムの導入だったようで、それにはモンテッソーリ・メソッドも含まれました。

モンテッソーリ教育のプログラムは、一九六〇年代の人種差別撤廃運動にも貢献しました。アメリカン・モンテッソーリ協会の機関誌「モンテッソーリ・ライフ」の二〇二〇年秋号の記事では、このように言及されています。「公立学校に続き、多くの私立学校も差別撤廃へと動き、多くのモンテッソーリスクールが人種や民族の多様性と社会正義に積極的に取り組んでいくと宣言した」

現在、アメリカには約五千のモンテッソーリスクールがあります。それに加え、アメリカン・モンテッソーリ協会の情報による何百ものトレーニングプログラムがあり、組織やブログ、オンラインの情報源はどんどん増えています。モンテッソーリ・プログラムのなかで一般公開されているものは、五千種類のうち五百種類ほどですが、公的セクターのナショナルセンター・フォア・モンテッソーリのデータによると、そのうち約三百は、この二十年で追加されたものです。

多くのモンテッソーリスクールは生後二ヵ月の子どもから受け入れ、高校生まで教育を続けているケースもあります。しかし大半のプログラムは就学前の子ども向けに構築されています。過去には、モンテッソーリ教育は富裕層向けだと批判されたことも多くありましたが、現在のモンテッソーリスクールは、低所得家庭の子どもを受け入れるよう尽力しています。多くは非営利で、経済的な支援もおこなっています。

わたしは一九六四年にニューヨーク市に開校したモンテッソーリスクールの校長を務めて

います。このスクールでは特別に環境を整えて、二歳児向けの教育をおこなっています。三〜六歳が対象の幼児向けプログラムには、英語、中国語、スペイン語、フランス語、音楽、運動、水泳、料理、裁縫などがあります。子どもたちは朝八時から九時の間に登園し、保護者のスケジュールに合わせて午後○時半、三時半、六時までに下校します。他の全てのモンテッソーリスクールと同様、教室は日常生活の練習、感覚を使う活動、数、言語、図工、積み木、地理、調理などの活動ごとにエリアが分かれていて、屋外で遊ぶ広いスペースもあります。

農場や森のなか、海沿い、都心部など立地は違っても、モンテッソーリスクールは周囲の環境をより広く、子どもたちの学びの環境として生かしています。

従来の園とモンテッソーリ園の違いは?

従来の園とモンテッソーリ園には多くの共通点があります。子どもサイズの家具がそろい、子どもが社会生活に溶け込み、遊び、読み書きや数の基礎を学び、読書ができるようになっています。しかし次ページの表の通り、いくつか大きな違いがあります。

教育的アプローチ	従来の園	モンテッソーリ園
カリキュラム	●カリキュラムが決まっている ●モンテッソーリ教育を導入していない多くの園では、それぞれの発達段階とは関係なく、みな同時に同じ課題に取り組む ●おやつの時間や朝の会を集団でおこなう	●毎日、一人一人を観察し、その記録を用いて、なにに興味を持っていそうか、そろそろなにを発見しそうかを見極める ●教師やガイドは、個別または少人数で、子どもに新しい教具や活動を紹介する ●子どもは部屋のなかでなにか興味を持つものがないか探すことを奨励され、活動のなかで観察し集中する時間を与えられる
部屋のデザイン	●図工、ごっこ遊び、積み木遊びのエリアがあり、グループで活動するためのテーブルが設置されている ●子どもが制作した作品が部屋のあちこちに展示されている	●教室には自然の素材で作られた教具や、写真、現実にある物の絵や写真の載った本が数多くある ●玄関、浴室、調理・食事準備エリア、休憩・お昼寝エリア、屋外活動エリア、教具のあるお仕事エリアからなり、家のなかのような間取りになっている ●お仕事エリアは日常生活、感覚、数、言語それぞれに関係する教具や活動のスペースに分かれている

教師	●教師は一定の学位や資格を取得している（地域の資格要件による） ●配属は州や国の規定に基づいておこなわれ、子ども一〇～一二人に対し、大人一人が配置されることが多い	●子ども何人に対し大人一人を配置するかについては、地域の規定に従う ●教師はモンテッソーリ教員資格も取得している（そのためには一～二年のトレーニング期間を要する）
自立	●子どもは従来型の小学校への入学に向けて、活動する際は列に並び、先生の話は静かに聞き、標準化されたテストを受けるといった姿勢が身につくよう準備していく	●子どもは周りに気を配り、自分の感情を表現するよう教えられる ●子どもは認められ、応えてもらえることを繰り返し、さまざまな課題を達成して自立心を高め、自信を得ていく

第2章 おうちでモンテッソーリ教育

ここまでモンテッソーリの教えについて説明してきました。吸収する精神や、子どもの自主性を育むために観察が重要であること、興味や能力の尊重が大切であることなどを、ご理解いただけたでしょうか。ここからは、おうちで、子どもの発達を促すモンテッソーリのアイデアを実践していきましょう。この章では、あなた自身の心構えや環境（家庭）の準備、適切な教具の用意、安全面への配慮について説明します。おうちでのモンテッソーリ教育について基本的な考え方を理解していただけたら、実践も容易に（そして楽しく）なるでしょう。

モンテッソーリ・メソッドの実践

第1章でご紹介したように、マリア・モンテッソーリは最初に開校したモンテッソーリスクールを家庭のような場所としてデザインし、自立心や自己肯定感、日常生活のスキルを高められるようにしました。つまりあなたのご家庭も、モンテッソーリの核となるアイデアを多くの面で組み込めるよう、すでにデザインされているわけです。

モンテッソーリは子どもたちが日々過ごす環境を整えておくことが重要だと考えていました。その環境には三つの要素があります。

空間そのもの

まずは子ども部屋など一つのエリアから始めます。あなたがその環境を心地よく感じられるなら、子どもの成長に合わせてエリアを広げていくといいでしょう。明確な制限のもとで自由に動き回れるエリアは、自立心と探索への欲求を育むはずです。

物的環境

環境のなかに置くのは、子どもの好奇心をかき立てる物がよいでしょう。触りたい、やってみたいと子どもの心に訴える物です。たとえば、乳児の手首には動くたびに音が鳴る腕輪をつけ、一歳の子どもにはボールがいくつも入ったかご、二歳の子どもにはお椀に入ったスライムを準備するという具合です。

人的環境

親でも保育者でも、家にいる他の大人でも構いません。その大人が、モンテッソーリ教育の基本的手法を理解している必要があります。

大人（あなた）の準備

教育のために本当に必要な準備は、自分自身を省みることです。教師をトレーニングすることと……それは知識を学ぶことよりずっと重要です。それには人格のトレーニング、つまり心の準備もふくまれます。

——『子どもの心——吸収する心』

モンテッソーリは子どもが自立心や自信、学びへの欲求を養えるよう、教師向けの方法論を確立しました。親や保育者の主な役割は、子どもが潜在能力を最大限に発揮できるよう手助けすることです。しかし、「最大限の潜在能力」が正確になにを意味するのかを、あなたが決める必要はありません。

子どもの性格や気質、熱意についても同じです。たとえば内気な親御さんなら、我が子が、人前で歌いたいという夢を抱くのに抵抗があるかもしれません。あるいは、運動好きな親御さんにとって、子どもがスポーツに全く関心を示さないことは、受け入れがたいでしょう。しかしモンテッソーリ教育では、子どもをあるがままに認めます。

ぜひ理解していただきたいのは、子どもは段階を経て成長していくということです。その段階に合わせて、親は子が自立するまで手助けしていきます。モンテッソーリの理念に基づいて子どもを育てるなら、これまで長く信じてきたことを考え直す必要があるかもしれません。そのために、あなたと子育てのパートナーが知っておいたほうがいいことを、いくつかお伝えしましょう。

まず、モンテッソーリは、親や保育者、教師など子どもと日常的にかかわる大人は、次のような人であってほしいと考えています。

- 子どもの発達と吸収する精神について、基礎的な知識を持つ
- 子どもと環境について、熱心な観察者、かつ客観的な記録者となる
- 子どもが自主的にやりたいと思ったことや、関心を抱いたことに従う
- 自立心を養い、制限ある自由を持たせるため、子どもが目を輝かせる環境を準備する
- 子どもの健康と安全に関するトレーニングについて理解する

次に挙げるのは親御さん向けの「やることリスト」です。この本を読んでいただくにあたって、頭に留めておくと役に立つ指針やコツが含まれています。

自分を見つめ直す

自分がとても嬉しく、または悲しくなることはなにか、考えてみてください。毎日の生活が楽しいですか？　もしお子さんが両親のどちらか一方や、祖父母をより好きな様子なら、どう感じますか？　お子さんにどんな価値観を持ってほしいですか？　日々、自分を見つめ直す時間を持ちましょう。

期待を書き出しておく

発達のおおまかな節目、また、それぞれの節目に到達する時期には子どもによってばらつきがあると理解しておきましょう。お子さんが五歳、一〇歳、一五歳、二五歳、三〇歳になったときにどのようであってほしいかを書き出して、自分だけの秘密にしておきます。そしてお子さんがその年齢になったとき、自分がどんな期待を抱いていたか読み返します。お子さんの自立と選択を実感して、嬉しくなるでしょう。

パートナーとの共通点を見つける

パートナーと時間を作り、お互いの子ども時代について話しましょう。「わたしは子どものころ、選択権を与えられていただろうか？　両親は支配的だったか、それとも自由にさせてくれたか？　成績や課題、遊びに対してどんな期待をされていたか？　自分の考えや気持ちを表すことを許されていたか？」と互いに自問し書き出します。そして書き出した紙をパートナーと見せ合います。どちらかが育てられたのと同じやり方で、自分たちの子どもを育てたいかどうか考えてください。

柔軟に

子どもの発達に合わせ、家のなかの空間を数ヵ月ごとに調整し直します。あなたと家族の状況を反映させましょう。

積極的に観察する

観察はモンテッソーリ教育のカギです。ノートや動画など、使いやすいツールで記録しましょう。日付と時刻、場所とともに、子どもの行動とその前後の様子を客観的に書き留めておきましょう。

楽しく、好奇心を持って過ごす

日記を書き始めましょう。感謝した出来事や、つながりを持ちたい人、その日やその週、その年、人生の目標について記します。子どもに感じてほしい、人生の素晴らしさと感謝の気持ちを、自分でも見つめ直しましょう。

子どもの主体性に従う

子どもが関心を持った方向に進めるよう、大人が準備し、学んでおきましょう。わたしはサッカーや野球のルールを学び、一〇年にわたって複数のチームを運営しています。わたし自身はプレイしたことはありませんが、スポーツが大好きな息子が目指す方向に従ったのです。

質問する

大人に質問されると、子どもの記憶力や発明力、創作力、好奇心が育ちます。二歳になる前から、「どんな」「なに」「どこ」「なぜ」といった質問を始めるといいでしょう。

家族のあり方

すでに記したように、子どもの発達には安心感が不可欠です。親や保育者の子育ての考えが一致しているほど、子どもは安定します。子どもとかかわる大人全員の協力が大切です。子どもが、日々接する大人全員と一貫した方向性で交流できるよう、祖父母やベビーシッターにあなたの考えや要望を理解してもらうといいでしょう。

パートナーとは、お互いがどのように育てられてきたかや、子育ての考え方について理解し合いましょう。人は自分がどう育てられたかを子育てのモデルにする傾向にありますが、あなたとパートナーは違う育てられ方をしてきたでしょう。ですから、お互いに「自分の子どものころについて、よかったと思うところはなに？」「親御さんに、違うやり方をしてほしかったと思うところはなに？」と質問し合いましょう。

あるいは、次のような質問もいいでしょう。

- 赤ちゃんの泣き声をどう感じる？
- 赤ちゃんと一緒に寝ることをどう思う？
- 子どもが指示に従うことを、どう感じる？
- 子どもがリスクのある行動をすることに、どのくらい抵抗がある？
- 家族でも友だちでも、一緒にいて心地いい人はだれ？
- この宗教の教えのもとで育てたいという希望はある？

それぞれ質問に答えたら、ゆずれるものとゆずれないものを決めましょう。違いがあって当然です。しかし早い段階で違いを知っておけば、すり合わせていくことができます。

もしあなたがひとり親なら、このような質問を自身に問いかけ、理想を把握しておきましょう。そうすれば、子どもの日常に他の大人を招き入れたときに、望む方向性を伝えることができます。

二人目以降のお子さんが生まれるときは、上のお子さんが弟や妹を迎え入れる準備もしておきたいものです。家族が増えることについて話すときは、「赤ちゃん」、またはすでに決めている名前を使いましょう。「新しい家族」というような表現は避けてください。一般的に子どもにとって、古いものは愛されなくなったり、捨てられたりするイメージがあるものです。上のお子さんに赤ちゃんのおもちゃや品物の色、服などを選ぶのを手伝う役目をお願いしましょう。

赤ちゃんが生まれたら、きょうだいには、赤ちゃんが家族に溶け込めるよう、率先して手助けしてもらいましょう。家族で過ごす休暇や夕食、ペット、祖父母について、赤ちゃんに教えてあげることは、自分は家族にとって大切な存在だと実感する機会になるでしょう。

子どもの行動への対応

モンテッソーリは、子どもは周りの道徳的な規範や態度を吸収して自律を身につけると考えていました。大小の筋肉をコントロールできるようになるのも自律です。

発達面で、自分の子の年齢になにが適しているのかを理解することが基本です。生まれてから一歳半ごろまでは、子どもは新しい世界の道徳観やルールを理解できません。甘やかすことになるのでは、といった心配はいりません。その時期の赤ちゃんが発達するには、安全で安心できる、予測可能な環境が必要です。

一歳半ごろから、体の動きをコントロールできるようになっていきます。集中力を養い、動きを上達させるため、大小の筋肉を使う活動をする必要があります。

子どもは生まれたときから、行動の結果を学んでいます。「大声を出したら、耳が痛いよ」「しっぽを引っぱったら、ネコは嫌がるよ」というような、結果を伝える言葉を理解できます。

生まれ持った気質も重要です。柔軟性があるか（寛大か）、怒りっぽいか（頑固か）、臆病か（新しい物事に慣れるのに時間がかかるか）。子どもの目線で状況を見ることを忘れないでください。

モンテッソーリ教育の○と×

○子どもの行動が発達段階特有のものか考える。もし特有なら、自分の期待や考え方を修正する。

×いまの発達段階では現実的でない期待をかける。

○選択肢を与える、他のことに注意を向けさせる、どのような結果になるか説明するなどの方法で対応する。

×子どもをコントロールするために、反省させる時間を設けたり、表を作って示したり、ごほうびをあげたり、物を取り上げたり、叩いたりする。

○活動や行動が安全かどうか考え、もし安全でなければ環境や教具、スケジュールを変える。

×環境やスケジュール、教具を毎日見直すのを怠る。

○子どもや他人、教具を大切にする姿や、家のなかを動き回る様子を見せる。ポジティブで思いやりのある、落ち着いた声の調子や言葉づかいで話す。

×人との接し方や物の扱い方、日々の行動を粗雑にする。ネガティブ、嫌味、相手を見下す言葉づかいをする。不満を口にする。

○自分の過ちを認め、過ちからどう学んだか話して聞かせる。

×いまの能力ではできないにもかかわらず、しなかったといって、子どもに罪悪感を抱かせる。

○子どもの気持ちを受け止め、ポジティブに話しかける。「次はこうしようね」と代替案を出して問題を解決する。

×だらだらといつまでも小言を言う。

○辛抱強く待つ。長い目で見て、子どもが適切な行動を学ぶことを目標とする。

×後先を考えずに反応する。子どもの立場になって考えない。

環境を整える（家の準備）

モンテッソーリ教育の環境は、三つの要素から成り立っています。間取りと家具、教具と活動、子どもを観察する役目を担う大人のガイド／親／教師です。住まいの大きさや経済力は関係ありません。モンテッソーリ教育は、空間や予算の大小にかかわらず実践できます。大切なのはあなたの姿勢と、モンテッソーリ教育の原則について広く理解することです。まずは家のなかの一つか二つのエリアから始めて、子どもの成長に合わせ、モンテッソーリ教育を生活や空間に少しずつ取り込んでいけばいいのです。

ここで環境の整え方について、全般的なルールをいくつかご紹介しましょう。

― 安全

家のなかを子どもの目線で見回しましょう。子どもが興味を持って近づき、危険な目にあいそうな物はありませんか？　子どもには安心感を持って過ごしてほしいものです。「それは危ないよ」と声をかけると、自信や自立心を損ないます（60ページ『安全第一』参照）。

2　物はシンプルに

モンテッソーリ教育では、全ての物をシンプルに使いやすくしておきます。よちよち歩きの時期以降の子どもには低い棚を準備し、選べるように二、三個、物を並べておきます。

3　感覚を豊かにする

どの年齢でも、感覚の発達段階を頭に入れておきましょう。さまざまな種類の布に触れて、さまざまな食べ物を味わって、室内や屋外の匂いを嗅いで、街中や郊外の音、音楽、自然の音を聞いて、この世界のいろいろな美しいものを、大きいものも小さいものも見てもらいましょう。

4　自由に探索し動き回らせる

子どもは動くことで脳や筋肉の機能、感覚を組み合わせ、自信と自立心を高めていきます。安全で小さな探索エリアを作りましょう。子どもを長い時間、イスや歩行器に座らせておくと、動く能力が制限されてしまいます。できるだけ歩かせるようにしましょう。

5　手が届くところに

さまざまな物を子どもの手の届くところに設置しましょう。よちよち歩きの子どもが上着をかけるフックは低い位置にして、モビールは赤ちゃんの手の届くところに設置することで、やってみたいという気持ちを促します。

6　清潔にする

清潔にすることは、その空間で過ごす、子どもを始めとした全ての人に敬意を示すことです。子どもに周りの世界を見て味わってほしいという思いを示すことでもあります。

7　片づける

子どもの幸せ（そしてあなた自身の幸せ）のために、しっかりと秩序を保ちましょう。物やおもちゃがどこにあるか探す時間が少ないほど、子どもと向き合う時間を確保できます。

8 自分の空間を持たせる

わたしたちはみな、たとえばケーキを焼いたり、芝刈りをしたりといった、自分が「担当する」プロジェクトにはプライドを持つものです。子どもも同じです。空間のなかで年齢に合ったお仕事をみつけましょう。たとえば植物に水をやったり、ランチの後にテーブルを拭いたりなど。子どもが腕を上げ、自信をつけてプライドを持ち、輝く姿を見守りましょう。

9 自然の世界を取り入れる

モンテッソーリは自然が大切と考え、研究によりその信念は裏付けられていきました。子どもは自然に触れて過ごすと集中力が高まり、ストレスから解放されるなどの効果が見られたのです。安全な鉢植えの形で自然を室内に取り入れ、プラスチックではなく木製などの自然素材を使った教具を用いましょう。

安全第一

いつでもどの年齢の子どもにとっても、安全は最優先事項です。整えられた環境は安全です。ここでいくつか、安全についての全般的なガイドラインを見ていきましょう。

子どもを常に視界に入れておく

屋外でも屋内でも、三歳未満の子どもから目を離さないようにしましょう。乳児でさえ、寝返りを打ってケガをすることがあります。

睡眠環境を整える

乳児は幌のない*かご型ベッドに、あお向けで寝かせましょう。毛布は使わず（スリーパーが最適）、ぬいぐるみも置かずモビールも設置せず、あなたの手の届く範囲に寝かせます。

*かご型ベッドとフロアベッドについては82ページの注と83ページの『フロアベッドかベビーベッドか』のコラムを参照してください。

子どもの目線で

探索する子どもになったつもりで考えましょう。床の上に、飲み込むと窒息しかねない小さな物が落ちていませんか？　引っ張りそうなコードはありませんか？　ひもやリボン、コード、引いて遊ぶおもちゃのロープで、一五センチ以上のものがないか確認しましょう。

小さな物に気をつける

トイレットペーパーの芯のなかを通る大きさの物は、三歳になるまではひとりで扱わせないようにしましょう。おもちゃやぬいぐるみから外れる可能性のある、小さな部品にも気をつけましょう。

家具を安全な状態に

二歳くらいになると、棚の低い位置の引き出しを開け、そこにのぼったりする子どももいます。ひとりで動き回れるようになると、ドアのすき間に手をはさむこともあります。子どもの発達の一歩先を見て、必要な安全対策をしましょう。

食事中の注意

窒息の危険のある、二歳未満の子どもに与えてはいけない食べ物を確認しましょう。*公的機関がリストを公開しています。また、食物アレルギーなどの反応にも注意しましょう。

＊日本では消費者庁が、食品による子どもの窒息事故の事例や防止策などを公開しています。

屋外での注意

ミツバチやスズメバチ、アリ、植物、近所の気性の荒いイヌなどにも注意しましょう。日焼け防止にも気を配りましょう。子どもの指は大人の指よりも霜焼けになりやすいことも覚えておきましょう。

水遊びでの注意

子どもは水遊びが好きですが、水深七センチでも溺れる可能性があります。注意しましょう。

シートベルトは必ず

車では必ずチャイルドシートに乗せ、シートベルトを締めましょう。チャイルドシートの取扱説明書に目を通し、正しく設置してください。地域の警察や救急医療サービス、消防署の情報も役立ちます。自転車に乗せるときはヘルメットをかぶらせます。

リコール情報メールサービスに登録

子ども服や子ども用品、おもちゃが安全上の理由でリコールになった場合、製造者からメールが送られます。メールサービスに登録しておきましょう。

安全教室に参加

これから親になる夫婦や保育者に向けた、心肺蘇生法や救急手当て、乳幼児突然死症候群、揺さぶりっこ症候群、中毒に関する無料のオンラインや対面型の教室があります。*地域の保健所からの情報をチェックしましょう。

*日本では保健所のほかに、出産予定の病院などで開かれることもあります。日本医師会、日本赤十字社などでも救命法に関する講習を受けられます。

教具と活動を選ぶ

ここまで、モンテッソーリの考え方に基づいた空間レイアウトをおこなってきました。ここからは、教具と活動を選んで、準備していきましょう。なにを選ぶにせよ、目的は子どもを刺激し、楽しく驚かせて好奇心をかき立てることです。また、少し難しいけれど、がんばって上達したいという気持ちを保てるような活動も考えましょう。自分で考えた物語を話したり、歌ったりする活動もおすすめです。活動の例は、次の章でご紹介します。

モンテッソーリの教具と活動は、身体面、社会面、感情面、認知面、道徳面の発達を促すようデザインされています。たとえばバランス感覚を養いたい場合、床にテープを貼り、その線の上を踏み外さずに歩きます。できるようになったら、次は片手になにか軽い物を持って線の上を歩き、その後は少しずつ重い物に替えていきます。この活動で、子どもは難しいことにチャレンジし、楽しい気分になり、体力とバランス感覚を養い、体をコントロールする能力を高めます。

一般的に、幼い子どもはできるようになるまで、何度でも同じ活動を繰り返します。できるようになった後は、達成感を味わうために、さらに繰り返します。自分の身体でできるようになった課題に繰り返し取り組んで、自信と自立心、自律の精神を養います。

モンテッソーリ教育の活動は、特に生まれてから三歳までを対象にしたものが数多くあります。探索し、物の名前を覚え、分類し、感覚を洗練させる活動です。教具の多くはインターネットなどで見つけられます。概念を理解したら、自身で新たな活動を考え出すこともできます。

覚えておいていただきたいのは、準備した空間や多くの教具がなくても、日々、子どもに話しかけ、本を読み聞かせればモンテッソーリ教育ができるという点です。これは言語、語彙、文法、構文の習得に大切です。乳児には少なくとも一日一回、できるだけ二、三回は読み聞かせをしましょう。おうちに持ち込む本には気を配りましょう。世界の多様性を示す本はあるでしょうか？　子どもは本のなかのなじみのある絵や写真を目にするだけでなく、見慣れない風習や他人の経験にも触れられます。

第2部では発達段階に合わせた教具と活動をご紹介します。教具の多くはすでにおうちにあるか、手作りできるものです。

大切なこと

子どもと活動に取り組む際にとても大切なのは、親子が一緒に楽しめることです。活動をマスターすれば、一人でも楽しくできるようになるでしょう。

第2部では、さまざまな活動を紹介しますが、始める前に、心がけたいことを以下に記しておきます。

- 観察し、その子の発達段階から見て、その活動に適しているか判断しましょう。もしまだなら、うまくできるころまで待ちます。
- 新しい教具を見せる前に、子どものお腹がすいていたり、疲れていたりしないか、その教具を、わくわくした気分で元気に扱えるタイミングかどうか確認しましょう。
- 新しい活動を紹介するときには、生き生きと。表情や声の調子で自分がわくわくしていることを伝えましょう。
- 子どもはまねが上手です。まねをしてもらいましょう。あなたがマラカスを振れば子どもも振り、あなたが積み木を積めば子どもも積み、あなたがテーブルを拭けば子どもも拭くでしょう。

●ゆっくりと始めましょう。活動を紹介するときは、始めから終わりまでゆっくりとやってみせます。その後、子どもに「やってみる？」と尋ねます。子どもがやり終わったら、教具を戻す場所を示します。子どもが興味を示さなかったり、まだ難しかったりしたときは、しばらくしまっておき、日を改めましょう。

●子どもがなにを習得したかよく見ておき、次にチャレンジするものを考えましょう。子どもができる活動は、二、三ヵ月ごとに増えていきます。

三段階のレッスン

モンテッソーリが新しい言葉を子どもに紹介するときに用いた、定番の方法です。子どもの語彙力や記憶力を高めるために、三段階でいろいろな物を紹介するよう、モンテッソーリは勧めています。色、数字、形、動物、または家のなかのどんな物でもおこなえます。目的は子どもが物の名前を学び、識別し、その名前を思い出す能力を身につけることです。子どもはこの遊びを楽しんで、どんどん言葉を覚え、自分に大きな誇りを持ちます。

❶ まず、おもちゃや形を指さしたり、かかげたりして、子どもにその名前を教えます。

例「**これは**ゾウ」

❷ 次に、子どもにそれを見せてもらうか、指さしてもらいます。

「ゾウを**見せて**？（指さして）」

もし子どもがそうしなければ、1をもう一度繰り返してください。子どもが見せたり指さしたりしたら、❸に移ります。

❸ 物を指さし、名前を言ってもらいます。

「これは**なに**？」

「これは」「見せて（指さして）」「なに」と、一度に一つの物／概念／言葉に限定し、手短にシンプルにおこないましょう。

この三段階のレッスンは、大小などの概念を教えるときにも使えます。「これは小さなネコ」「これは大きなネコ」など。

モンテッソーリとテクノロジー

モンテッソーリは、子どもは手を使って作業をしたり、動いたり、物を探索したりするとよく学べると考えていました。また子どもが興味を持ったときは、主体性に任せたほうが、学びの意味がより深まると考えました。子どもはテレビやスマートフォンなどの画面を使った活動に惹きつけられるかもしれませんし、日常生活で触れる機会が多いかもしれませんが、モンテッソーリ教育には適していません。

米国小児科学会は次のように表明しています。「二歳未満の子どもには、映像に触れる時間を作るべきではない。幼い段階では、映像の動きを追ったり奥行きを認知したりする視力が未発達だ。その能力は一歳になるまでにいくらか発達するものの、その時期に映像に触れることは安全ではないと考えられる」

このような理由から、モンテッソーリ教育の教員資格を管理する団体は、モンテッソーリスクールにおいて二歳未満の子どもに映像を見せることを禁止し、二〜六歳の子どもが映像に触れる時間を一日三〇分以下に制限しています。

映像に触れなくとも、テクノロジーはモンテッソーリ教育を実践する家庭や教室にさまざまな形で行き渡っています。たとえば、音楽はさまざまなデバイスから聞こえてきますし、わたしたちはアプリを使って活動を記録します。年齢の上がった子どもたちは「フェイスタイム」で家族とつながっています。

現代の忙しい親御さんにとってタブレットやテレビは、どうにもならないときに子どもの気を引いておけるツールです。二歳の子どもが日常的に長く映像に触れることなく、活動の時間が十分に確保できれば、成長に問題はないでしょう。

＊スクリーンタイムを推奨しているわけではありません。あくまでも最終手段であり、短時間にとどめ、常套手段にならないように気をつけながら活用するという意味です。

第２部
モンテッソーリ教育を実践しよう

第2部では、3歳になるまでの身体面、社会面、感情面、道徳面の発達段階を踏まえて、各年齢でモンテッソーリ教育を取り入れる方法をいくつかご提案します。また動きや感覚、言語活動に加え、トイレトレーニングや行動管理、安全面についても説明します。最終章では就学前の子どもの次の段階について、選択肢をご紹介します。

第3章 ようこそ、わが家へ〜0歳〜

小さな乳児も、生まれてから一年であっという間に成長していきます。この章では、環境を少しずつ変える方法や、これから通過していく発達の指標を（あなたが見逃す前に）お伝えします。あわせて、楽しく感覚を刺激したり、体を動かしたり、コミュニケーションしたりするさまざまな活動を紹介します。

豊かな環境が感覚を刺激する

お子さんのご誕生（もうすぐのご誕生）、おめでとうございます！　親として、最初の一年は楽しさと新たな発見に満ちた、とても価値ある期間です。どんどん成長していくお子さんを間近で見て、目を丸くする日々でしょう。

モンテッソーリはこの最初の期間を「無意識の吸収する精神」を持つ時期としました（22ページ参照）。発達面で重要なこの短い時期に、子どもは周りの環境からあらゆることを吸収します。見る、聞く、嗅ぐ、味わう、触るといった、感覚を通して全ての情報を取り込みます。その情報をもとに、周りの世界について知識を得て、想像をふくらませます。脳の発達の敏感期でもあり、ピーク時には脳のなかで毎秒二〇〇万個ものシナプスが作られ、急速な成長に必要な神経のつながりができていきます。この時期に感覚的なインプットがたくさんあれば、シナプスも多く作られます。これより後の時期には作られません。

感覚を使う経験をたくさんできる環境を準備することが、とても重要です。一昔前までは、親は子どもに食事を与え、入浴させ、寝かせるといった世話だけをすればいいと考えられていました。しかしモンテッソーリは、子どもの潜在能力を最大限に引き出せるかは、才能（生まれ持ったもの）だけでなく機会（環境のなかで開花するもの）により決まり、そのために親がすべきことはもっとあると考えました。そして教具や、かかわる大人への教育、乳児の環境について検討しました。それら全て、もっとたくさんのことについて、これから見ていきましょう。

この章を読む前に

モンテッソーリの教えを一歳未満の子どもに向けて実践するにあたり、次のことを念頭に置きましょう。

我が子を一番よく知っているのは親であるあなたです

モンテッソーリは教師を養成する際に、親と協力して子どもを世話し教育するうえで、このことを頭に入れておくよう伝えました。迷ったら自分の直感に従いましょう。

子どもは常にあなたを一番愛しています

たとえ子どもに愛されていないと感じたり、境界線や制限が必要だったりするときでも変わりません。

世界を心地よく探索できるよう、子どもに安心感を与えましょう

抱きしめて、愛情深く話しかけましょう。子どもがいつでもあなたの元へ戻れると感じ、安心してハイハイ（やがてよちよち歩き）をしたいと思えるよう、手助けしたいものです。

健康はさまざまな面で成長を後押しします

医師だったモンテッソーリが初めに注目したのは、子どもの健康でした。健康的な食事、定期的な健康診断、予防接種、十分な睡眠が大切です。

できるだけ抱っこせずに

自分で体を動かせることを学ばせましょう。モンテッソーリ教育における活動の自由は、家庭から始まっているのです。

つかんだり振ったりできる安全な物を与えましょう

小さな筋肉を動かす練習を促し、指を使ってなにができるか気づかせましょう。

五感を刺激しましょう

五感を刺激するような体験をたくさんさせましょう。子どもが初めての食べ物や変わった匂いを嗅ぐときは、様子を観察しましょう。

子どもの発達

一年を通し、乳児は手足の使い方を覚えていきます。指先のコントロールや、ハイハイ、おすわり、たっち、ひとり歩きができるようになります。話し言葉を理解し反応し、コミュニケーションをとるためにジェスチャーをしたり、単語をいくつか話したりするようになります（二語文を話すことも）。お腹がすいたり、お腹いっぱいになったりしたときに、それを伝える方法も覚え、自分で食べられるようになります。社会面と感情面では、好き嫌いのあるひとりの人間へと急速に成長していきます。

覚えておいていただきたいのは、子どもはひとりひとり、ペースが違うということです。そのため、モンテッソーリ・メソッドでは、その子がどんな能力を習得しているレベルにあろうと、子どもを尊重し、レベルに応じて次の段階へと進む手助けをします。

身体面

乳児は全面的に大人を頼りにしています。生まれつきたくさんの反射神経があり、多くの子どもは体重が生後四ヵ月で出生時の二倍になります。髪が伸び、歯が生え、寝返りをし、ハイハイをし、おすわり、たっちができるようになり、動き回り、やがてよちよち歩き、ひとり歩きへと進んでいきます。

感情面

自尊心は乳児期から育ち始めます。乳児は泣くとき、お腹がすいている、疲れている、心地悪い、退屈している、といったことを精一杯、世界に知らせようとしています。泣き声に応えてもらうと、きちんと見てもらえている、自分には「価値」があると知ります。このことが自尊心を養っていくのです。

社会面

乳児は周りの人たちの対話を聞き、様子を見ています。言葉は理解できないかもしれませんが、声の大きさや調子に気づきます。笑顔としかめっ面など、異なる表情を見て感じ取ります。あなたがほほえむと子どももほほえみ、あなたが喃語《なんご》を話すと子どもも話します。社会に溶け込む初期の段階です。

認知面

年齢が上がるにつれ、わたしたちの学習能力は落ちていきます。乳児期は、人生のどの段階よりも多くを学べる時期です。乳児は言語を吸収し、周囲の物の量を学んでいきます。たとえば一歳になるころには、あなたの名前を発音し、リング状のシリアルも一つ出されるより二〇個出されるほうが嬉しいという気持ちを表すようになるでしょう。

道徳面

子どもは自分の生まれた社会や家庭について、多くを学んでいきます。その学びは言語と慣習の両方からで、つまり言葉にすることとしないこと、おこなうこととおこなわないこと、表現することとしないこと、信じること信じないことなどが影響します。幼い乳児でも、異なる環境、異なる人々に囲まれていると、異なる行動をとります。そして、祖父母は甘えさせてくれると知っているかのようです。

環境を整える

これから生まれてくる赤ちゃんのために準備することはたくさんあり、あなたの人生のなかでも特に胸が膨らむ時期でしょう。この項ではモンテッソーリ教育の視点で、赤ちゃんの部屋について取り上げます。

第1部で記したように、モンテッソーリ教育の環境は、秩序感があり、安全で落ち着いていて、発達のための数多くの教具がそろい、空間が整えられています。子ども部屋は大人ではなく乳児の目線でデザインされています。モンテッソーリの基本的な考え方（21ページ参照）を理解すれば、おうちでモンテッソーリのアイデアを実践するのは簡単です。モンテッソーリ教育の環境を整えるのは、一つの部屋全体でも部屋の一部でも構いませんが、生まれてくる赤ちゃんのために準備する空間は、秩序感のある平穏で美しい拠点でなければいけません。

眠る場所

睡眠は子どもの成長や健康に（そして親御さんの幸福度にも）大きく影響します。一般的に、乳児は夜中に授乳の必要もあり、母親のそばで寝ることが多いものです。モンテッソーリ教育では、＊かご型ベッドの使用を勧めています。ベッドにはぴったりのサイズのシーツを敷くだけで、幌はつけず、枕もぬいぐるみも置かないようにします。

寝返りが打てるようになるまでは、常にあお向けに寝かせましょう（一般的に生後二ヵ月ごろまで）。ベビーベッドの使用を始める際は、最新の安全ガイドラインに従いましょう。アンティークや代々受け継いできたベビーベッドもすてきですが、安全ではない可能性もあります。マットレスは新しく固めのものを使用しましょう。かご型ベッドと同様、おもちゃもぬいぐるみも置かず、モビールも設置しないようにしましょう。ベビーベッドは眠る場所であって、遊ぶ場所ではないと認識させます。

子どもは世界のあらゆることを吸収していきます。子ども部屋は視覚的にも刺激の少ない落ち着いた空間にしましょう。自然の音は安らぎと平穏を感じさせます。波の音や穏やかな雨音などを録音したもの（自作でも）を流すのもいいでしょう。

＊かご型ベッドは母子共生期と言われる生後二ヵ月までとなります。次のコラムにもあるように、モ

ンテッソーリは子どもが主体であることから低いベッドを推奨していますので、生後すぐからフロアベッドを使っても構いません。

フロアベッドかベビーベッドか

モンテッソーリは、子どもは疲れたら自分の意志でベッドへ行くといった自己管理ができると考えていました。眠りを促すために、子どもサイズで、一人で安全に出入りできる、床から一五センチほどの低いベッドを用意することを勧めています。現在、モンテッソーリ園の多くでは、お昼寝にこうしたフロアベッドを使用しています。

乳児のうちから、夫婦の寝室や子ども部屋にフロアベッドを用意して寝かせる親御さんもいます。もちろん家庭によりますから、フロアベッドが良いかどうかはご自身で決めましょう。フロアベッドを使用する場合は、子どもが目を覚ましてハイハイすることを想定し、空間全体をあらかじめ安全な状態に準備しておく必要があります。小さな物や、引っ張りかねないコードは取り除き、コンセントには全てカバーをつけましょう。特に、子どもが入りかねないエリアや、部屋から出られるドアに注意しましょう。

囲い付きのベビーベッドを使用すると、それとは対照的に、親は子どもがお昼寝や夜眠っているときにどこにいるか、確実に把握できます。さらに、子どものなかにはベビーベッドの安心感を好む子もいます。まずはベビーベッドに寝かせて、もう少し大きくなり、自立を求めるようになってからフロアベッドに替えるのが最適かもしれません。さまざまな安全面も考えると、子どもが三歳になってからフロアベッドを使用する親御さんが多いでしょう。

＊厚生労働省も安全面からベビーベッドの使用を奨励しています。ただし、国際モンテッソーリ教会（AMI）および日本の教師養成コースでは、囲いが視野や自立を妨げるとして、最初からフロアベッドの使用を奨励しています。

活動の空間

モンテッソーリは、子どもの「お仕事」——すべきこと——は活動だと考えていました。子どもは自分のいる世界を理解し、物理的に移動し、人々とつながり、課題を達成するために「お仕事」をします。子どもが活動する空間では、それが可能でなければなりません。子どもが自分の目に入るものを探索し、安全に手が届く。子どもの環境をそうした空間に変えていきましょう。

子どものために準備する環境は、部屋全体の場合も、一部の場合もあるでしょう。子どもの目線で見るようにしてください。一つのかごには、洗えて、すべりにくくつかみやすい物を。別のかごには柔らかい布製の物を。棚には厚紙の絵本を、というように秩序立った配置にしましょう。

子どもが自分で動き回れるようになるまでは、子どものもとに教具（おもちゃ）を持っていき、使ってみせて紹介するのはあなたの役目です。たとえばガラガラなら、子どもが目を向けるまで振ってみせましょう。目を向けたら、もう一度振ります。それから子どもに持たせて一緒に振りましょう。

最優先すべきは安全ですから、エリア内の安全確認をしっかりとおこない（60ページ『安全第一』参照）、子どもがそのエリアからハイハイやよちよち歩きで出ていけないようにしなければいけません。大人の物は視界に入らない、手の届かないところに置きましょう。

探索しよう！

第1章で記したように、生まれてから一歳になるまでの時期はまさに、五感を使って学ぶ、感覚の敏感期です。家庭で環境を整えれば、子どもは感覚を洗練させ、周りの世界の情報を集められるでしょう。家のなかを見回してください。子どもの目にはどう見えるでしょう？　心地よく安らぐ、整った秩序感のある光景ですか？　もしそうでなければ、かごや箱を用意すれば、秩序感や教具を大切にする気持ちが伝わるでしょう。

頭の隅に入れておきたいこととして、触覚は指先で触れる物だけでなく、体に触れる物でも刺激されます。特定の生地や敷物、カーペットに触れると不機嫌になったり、アレルギー反応が生じたりする乳児もいます。

乳児にマッサージをするのも素晴らしいことです。肌にある神経の末端を刺激し、より多くの触覚情報を脳に届け、発達を促します。マッサージの時間を日常に取り入れましょう。

一歳が近づくにつれ、意識的に周囲に目を向けさせましょう。子どもの視線の先を追って、いまなにが見えているか、どんな匂いがするか、なにが聞こえるかを言葉で伝えましょう。たとえば散歩に出かけたときは、「この花を見ているのかな？　赤いね。香りを嗅いでみる?」」と話しかけてみましょう。

モンテッソーリの言葉

モンテッソーリはよく、子どもが周りの世界と触れ合うことの大切さを説いていました。一九四六年にロンドンで講演をおこなった際には、こう語りました。「手は知を奏でる楽器です。子どもは物を操作し、触れたり扱ったりする経験を積むことが大切なのです」

活動1　いろんな布を触ってみよう!

解説　子どもは指先だけでなく、体全体の触覚で情報を取り込みます。この活動は乳児がさまざまな生地に触れながら、人と交流し、観察する経験となります。

教具　一メートル四方の布、安全な床

手順

1. 枕カバーや毛布など、約一メートル四方の布の上に、おむつだけをはかせた状態で(室温に問題がなければ)子どもをあお向けに寝かせます。

❷ 子どもにほほえみかけたり、喃語で話しかけたり、歌ったりして楽しませながら、子どもが布を触って感じる様子を観察します。子どもにはまだ意味がわからなくても、感触を表す言葉（やわらかい、ふわふわ、すべすべ）を口にするといいでしょう。

❸ 生後三ヵ月ごろまでの子どもは、この活動を五分から七分は楽しむでしょう。

発展 さまざまな生地に触れさせましょう。パイル地のふきん、リネンのテーブルクロス、サテンの枕カバー、ウールの毛布、ヨガマット、他にもさまざまな生地がご家庭にあるのではないでしょうか。

活動2 味わって匂いを嗅いでみよう！

解説 乳児のころから、味覚と嗅覚を刺激しましょう。母乳やミルクに加え、離乳食も始めるようになったら（一般的には生後六〜一二ヵ月に開始）、味にどう反応するか注意してみましょう。豆を食べたら顔をしかめますか？　アップルソースには大きく口を開けますか？　味と匂いの違いに気づく様子を観察しましょう。好きな食べ物を無理のない範囲で選ばせると、自立心と自制心が育ちます。

教具 リング状のシリアル一つかみ

手順

❶ 手を洗います。

❷ 子どもが食べる位置の向かい側に、目線の高さを合わせて座ります。

❸ シリアルをいくつか半分に割り、トレイの子どもの手が届く位置に置きます。

❹ シリアルについて話します。「これはシリアルだよ。食べるとポリポリしていて、指にくっつくよ。食べてみる？　口に入れられるかな？　おいしい？」

❺ 一緒に食べて、子どもにこう言います。「シリアル、おいしいな」

❻ 子どもがあなたに、お腹いっぱいになったことを示すまで観察します。これが自制心につながります。

❼ 食べている間はずっと座ったままにしましょう。

発展 乳児はなんでも口に入れます。その特性を生かし、味覚と嗅覚を洗練させましょう。初めての食べ物は一週間続けてから、次の初めての食べ物に移りましょう。そうすることで、発疹、おなら、下痢などの反応に気づくことができます。

活動3　かごのなかになにがある？

解説　子どもは物を触って操作したり、動き回ったり、物を出し入れしたりするのが好きです。生後九ヵ月ごろになったら、手触りの違う小さな物をかごにいっぱい入れて、子どもが取り出せるようにしましょう。これを何度も繰り返します。次第に物と数詞の一対一の関係性を認識しはじめ、数え方の概念（数を順番に数える）を吸収し、のちの数の活動に生かすことができます。

教具　かご（麻など自然素材のものが好ましい）、サイズ・形・色・手触りが同じ小さな積み木五つ（または生後九ヵ月の子どもがつかめるおもちゃ）

手順

❶ 床の上で子どもの正面に座ります。

❷ 子どもにかごを見せます。

❸ かごから積み木を一つずつ取り出し、目の前の床に置いていきます。取り出すたびに「1」「2」「3」「4」「5」と、何個目かを表す数詞を言います。

❹ 積み木について話します。「青いね。すべすべしているね」

❺ 一つずつ、また数詞を言いながらかごに戻していきます。
❻ 子どもを誘って一緒にもう一度、❸と❹をおこないます。
❼ 次回使うときに、かごのある場所が子どもにわかるよう、かごを棚に戻します。

発展 違う形の積み木や動物のフィギュアなど、かごの中身を替えます。そして、なかの物について表現する言葉を使います。毎回、子どもの好奇心にこたえるものを選びましょう。

体を動かそう！

生まれてから二歳半ごろまでは運動の敏感期で、筋肉運動の協調性と制限ある自由（24ページ参照）という二つの点から、発達にとても重要な時期です。

筋肉運動の協調性については、一歳になるまでの間に、首や腕、足、手、舌の操作とコントロールの仕方を学んでいきます。成長のスピードが速いため、協調して体を動かせるよう頻繁に調整しなおす必要があります。動きを制限されると、子どもは動き方を練習できず、後から遅れを取り戻さなくてはなりません。

制限ある自由については、まだひとりでどこかへ行ってしまうとは思えない子どもに、なぜ必要なのでしょう？　乳児は安全な床の上にいて、あなたの姿が見えて声が聞こえていれば、行きたい方向にどうすれば移動できるか楽しく考えます。それは身体面と感情面の発達につながります。子どもは冒険により達成感を覚え、世界を探索し続けるのに必要な自信を得ます。あなたが気づかないうちにハイハイし、歩き始めると心得ておきましょう。そのため自由に「制限」が大切なのです。好奇心のおもむくままに、どこへでも行けるようにすることはできません。

モンテッソーリの言葉

モンテッソーリは一九四六年にロンドンでの講演で、こう語りました。「子どもは環境のなかでの経験を通して知識を得ます」。そのような経験をするためには、環境とかかわる必要があると考えていました。それにより、身体面で動作の協調性を身につけていくのです。

活動1　床を探索しよう！

解説　子どもが目を覚ましているときに、床で腹ばいにして、ハイハイするのに必要な腕と首の筋肉を鍛えます。この活動では、安全な場所を準備して、子どもをうつ伏せにし、ずりばいをしたり、体をゆらしたりして、最終的にハイハイができるようにします。生後一〜二ヵ月ごろ、首の筋肉をいくらかコントロールする能力が発達してからおこないます。

教具 清潔なガラガラ（または視覚的に子どもを惹きつける、つかめるおもちゃ）

手順

❶ 環境が清潔で安全で、視覚的にも聴覚的にも魅力的であることを確認しましょう。毛布や布を敷くと、遊ぶエリアがわかりやすく、この月齢の子どもが親しみを感じやすくなるでしょう。

❷ 子どもを床に腹ばいにさせます。

❸ 子どもの手が届く位置から二、三センチ先に、ガラガラを置きます。

❹ あなたも腹ばいになり、子どもと向き合います。そして子どもがはっきりと見て音を聞くまで、ガラガラを振ります。

❺ 子どもがガラガラに気づいたら、子どもの手の届く範囲の少し先にガラガラを置きます。必要なら子どもの手をつかんで、ガラガラのほうに手を伸ばせるよう手伝いましょう。

❻ 二分ほど続けますが、子どもが疲れる前にやめましょう。

発展 新しいつかめるおもちゃを増やし、置く位置を徐々に遠くしていきましょう。やがて、子どもはおもちゃをつかむためにはっていくようになり、身体的に発達し、自信を得て自立心を高めていきます。

活動2 つかまり立ちしよう！

解説 一歳の誕生日が近づいてくるころには、筋力もつき、つかまり立ちをしたがるでしょう。立った状態になると、周りの世界を新鮮な視点で見渡せます。また、歩くために必要なバランス感覚も発達します。つかまり立ちができるのは、一般的に生後一〇〜一四ヵ月で、その手助けとなる活動です。

教具 やわらかいオットマン（足乗せ台）か*ソファー

*重みがあり、つかまっても倒れる心配のないもの

手順

❶ 心地よくハイハイできる安全な環境に、子どもを連れていきます。

❷ つかまり立ちに使えるよう、オットマンを置くか、子どもをソファーの近くに連れていきます。

❸ つかまり立ちができるようになったら、子どもが立っている場所の少し先に、お気に入りのおもちゃをつかめるように置きます。つかむためにおもちゃに近づく方法を発見する様子を見守りましょう。

❹ オットマンで成功したら、安全につかまり立ちができる別の家具の近くに連れていきます（角の丸い、低いコーヒーテーブルなど）。

発展 つかまり立ちをしようとしている近くの壁沿いに鏡を置くと、喜ぶでしょう。鏡に自然や家族の写真を貼り、立ち上がったときに見えるようにしてもいいでしょう。

活動3 バシャバシャ水遊びしよう！

解説 赤ちゃんは水の感触が大好きです。なにしろ胎児の間、九ヵ月も羊水のなかにいたのですから。思い切り水遊びをすれば、動きによって水が変化するのを発見するでしょう。

教具 タオル、プール、おむつ

手順

1. プールの水温が熱すぎないか、冷たすぎないか確かめます。
2. 子どもをゆっくりとプールに入れます。
3. 子どもの体をしっかりと支え、腕を持って水をバシャバシャさせます。どんな顔をするか観察しましょう。
4. 活動の間じゅう、話しかけましょう。「いまからプールに入るよ」「水だよ、わかる？」「ぬれているね」「楽しい？」
5. 二、三分遊んだらプールから出して、かわいたタオルで体を包みましょう。

発展
お住まいの地域に、小さな子ども向けの水泳教室を開いているプールがあるかもしれません。感覚面だけでなく、身体面にとっても良い活動・運動です。通えるプールがない場合は、浴槽を使うと良いでしょう。

自分を表現しよう！

モンテッソーリは、言語習得の敏感期は生まれた瞬間から始まると考えていました。赤ちゃんは音を出したりジェスチャーをしたりして、要求や欲求を伝えます。なかでも最も素晴らしいのは、やはり笑顔です。

モンテッソーリは、子どもが言語にあふれる世界をどのように吸収するかを説明するために、無意識の吸収する精神についてよく言及しました。子どもたちは、自らの経験と感覚を通して得た知識について、吸収した言語を用いて定義し区別するのです。子どもが言葉を話し始める日を辛抱強く待ち、その間、生活をたくさんの言語で満たす必要があります。そのためにはいくつもの方法があります。子どもに頻繁に話しかけ、歌を歌ってください。いまなにが起きているか、あなたがなにをしようとしているか、なにをしたか話してください。

一歳になる日が近づくにつれ、子どもは特定の音が特定の物事を指すことを学んでいきます。名前を覚えることから始まり、次第に概念を理解していき、一語文、二語文を話すようになります。一般的に一歳の誕生日までには、周りの人やペットの名前を覚えます。

乳児期からの読み聞かせの重要性は語り尽くせないほどです。本は、日常生活ではなかなか出てこない豊富な語彙を届けてくれます。線路やペンギン、飛行機は家にありませんよね。

モンテッソーリの言葉

わたしたちはみな、子どもがどう感じ、どんな疑問を抱き、世界についてなにを学んだか、自分の言葉で語ってくれるのを聞きたいと願っています。モンテッソーリは、辛抱強く待つようにと語り、『子どもの心――吸収する心』のなかでこう記しました。「子どもにはみな、まだ一音節しか発音できない時期があります。やがて一語を発音できるようになり、ようやく構文や文法を完成させることに慣れていくのです」

活動1 おしゃべりしよう！

解説　子どもはみな生まれながらにして、コミュニケーションをとりたいという欲求を持っています。そして泣いたりジェスチャーしたり、喃語を話したりします。わずか生後二ヵ月で、他人の出す音や笑顔をまねするようになります。この活動は、子どもが会話の仕方を理解するための準備となります。

手順

❶ 子どものおむつ替えのときや、単に顔を見合わせているときに、子どもの話す喃語を

聞きます。

❷ 子どもの目を見つめます。子どもが話すのをやめたら、何秒か喃語を話したり、歌ったり、言葉でコミュニケーションをとったりします。

❸ いったんやめて、子どもがなにか返してくるか、耳をすませます。もし返してきたら、喜びを表情で伝えてください。

❹ 子どもとあなたで交互に繰り返します。

発展 次は別の喃語で話しかけましょう。子どもの話す喃語があなたのものに似てくるかどうか、よく耳をすまします。このたどたどしい交互のやりとりが、子どもを会話へといざないます。繰り返すことで子どもはやりとりを楽しむようになり、あなたの出す音をまねし、口の筋肉を使い、音を人や物と結びつけるようになります。

活動2 本を読もう！

解説 乳児はみな、同じ本を何度も繰り返して読んでもらうのが大好きです。秩序感と安心感を得て記憶力を高め、あなたがページをめくるたびに、次はどんな展開になるか予測できるようになります。

乳児に読み聞かせる本はシンプルで、バラエティに富む本物そっくりの絵や写真が、できれば一ページに一つずつ載っているものにしましょう。この活動はモンテッソーリ・メソッドの、子どもに新しい教具を紹介するやり方に通じています。まず物の名前を伝えます。次に、子どもが認識できているか観察します。最後に、子どもが名前を言えるか見守ります。

教具 絵本（紙が厚手のもの）

手順

❶「この本、一緒に見たい？」と子どもに尋ねます。
❷子どもをひざに乗せます。
❸本を持ち、ページをめくってみせます。
❹本について少し話します。「これはネコの本。ネコを全部見てみよう」
❺本の写真や絵を指さし、名前を言います。「これはネコ」
❻あなたが指さしたものを指さすよう、促します。「ネコはどこかな？」
❼*子どもに尋ねます。「これはなに？」。生後一五ヵ月ごろになると、名前を答えられることもあります。

*❼は答えられるようになるまで省いて構いません。

発展　子どもの遊ぶエリアに、何冊か絵本をそろえておくことから始めましょう。乳児の場合、はっていけるよう本を立てておきます。手触りを楽しめるような作りの絵本なら、触覚を刺激してくれます。

活動3　音楽を聞こう！

解説　モンテッソーリ教育では、物と名前（名称を表す小物が入った箱）や移動アルファベット（移動五〇音）といった言語の教具を三歳ごろから使います。その土台となるのが、音を聞き分ける聴覚です。乳児のころからさまざまな音色やジャンルの音楽を聞かせると、声や楽器の音に無限の可能性があることに気づいてくれるでしょう。

教具　音楽を流すためのコンピューターや機器

手順

❶ 一日のさまざまなタイミングで流す音楽を選び、まとめておきます。

❷ たとえば眠る前の時間には、穏やかな子守唄など、夜に眠ることをイメージさせる音楽を選びましょう。遊ぶ時間なら、躍動感のあるダンスミュージックなど、動きをイメージさせる音楽にしましょう。

❸ 音に語彙を加えることを忘れないようにしましょう。音楽の名前や音を表す言葉を使います。「このモーツァルトの曲、好き？」「カントリーミュージックを聞くと、体を動かしたくなるね」

発展 どんな音楽でも、大きすぎない適切な音量にするよう気をつけましょう。クラシックやフォーク、ポップ、映画音楽、ジャズなど幅広い音楽を聞かせましょう。あなたが好きな音楽を聞くことで、子どもが音楽を愛する気持ちも育っていくでしょう。

次へ進む前に……

おめでとうございます！　間もなくやってくる一歳の誕生日は、あなたにとってのお祝いでもあります。あなたはお子さんを乳児期から幼児期へと導いてきました。お子さんはそろそろ一人で動き回り、言葉を話すようになっているかもしれません。一緒にいて楽しくなる、社会的な存在に成長しようとしています。これまであなたは、お子さんが自分自身や持ち物、親に敬意を持てるようにしてきました。動き回り、自己肯定感を高め、自信をつける機会を与えてきました。幼児期を迎えたいまからは、環境とコミュニケーションのとり方を変える必要があります。

お子さんが次の段階に進むにあたって、考慮しておきたい点がいくつかあります。

●よちよち歩きの子どもは、乳児期よりはるかに多くの場所に移動していきます。子どもの目の高さで、同じ目線で世界を見てください。いま、なにに手が届き、どこによじのぼれて、なにを見つける可能性があるでしょう？

●幼児期は、言葉でのコミュニケーション能力が開花します。地域の図書館で借りた本のなかから、家庭用に買い足す本を選び始めましょう。

●そろそろ食べ物やおもちゃ、人への好き嫌いを示し始めます。好き嫌いを把握しましょう。子どもが主体だということを忘れないでください。

●この年齢では、観察すべきポイントがたくさんあることを覚えておいてください。二歳が近づくにつれ、急激に自立心を高めていく様子を見守りましょう。

第4章

乳児から幼児へ〜1歳〜

お子さんの一歳の誕生日を祝うとき、あなたの親としての一周年記念も祝いましょう。おめでとうございます！　この章では、一歳で経験する発達の節目を解説しながら、成長に合わせた子どもの欲求に対応する環境の整え方を紹介します。また、トイレトレーニングや、子どもとやってみたい活動についても見ていきます。特別な一年を、ぜひ楽しんでください。

世界を探索する

一歳の一年間で大切なのは、モンテッソーリ教育の中心概念をしっかりと踏まえたうえで、より動き回るようになった子どもに合わせて環境を整えることです。必要不可欠なのは、五感を活性化させ、自立心を養い、言葉によるコミュニケーションのスキルを高める教具や活動です。

一般的に一歳の誕生日を迎えるころには、子どもは自分がつかまり立ちができることや、行きたいところによちよち歩きで移動できることに気づいていきます。筋肉は発達の途上です。練習によってバランス感覚を養い、手足のコントロールが上手になっていきます。また小さな物に惹きつけられるようになり、細部に注目し、自分の体に出入りする物に興味を抱きます。

自分の感情や人とのやりとりを自覚し、調整することを覚えていく年齢です。この一年は、まさにモンテッソーリ教育における言葉の敏感期です。脳が発達し、乳児期よりも速く話せるようになっていきます。言語の理解力も増していきます。喃語を話すことは減り、無意識に語彙が増えていきます。

この時期に取り組めるモンテッソーリの活動はたくさんあります。この章ではそのいくつかを紹介しましょう。一歳を過ぎた子どもは一人で動き回り、世界を探索するようになります。モンテッソーリ教育を実践する家庭で育てば、身体面や社会面、認知面での発達が促され、自信と自立心が高まります。では、一歳児のために準備をしましょう。

この章を読む前に

一歳児にモンテッソーリの教えを実践するにあたり、次のことを念頭に置きましょう。

子どもの目線で環境を見直しましょう

よちよち歩きの子どもは常に探索し、動き回ります。よじのぼって家具を倒してしまったという声はよく聞きます。必要なら、ねじで壁に固定しましょう。子どもを常に観察してください。

はっきりとした自立心が芽生えます

着替えさせるのがずいぶんと楽になるでしょう。あなたが着替えさせるにも、子どもが自分で脱ぎ着するにも、楽な服を用意しましょう。この時期の子どもは手袋や靴下、靴を脱ぐのが好きです。ボタンやベルト、靴ひものない物を選びましょう。

トイレを立ち入り禁止の場所にしないように

トイレはなにをする場所か、理解させていきましょう（118ページ『トイレトレーニングQ

&A』参照)。

食事の時間を社会的なイベントにしましょう

あなたが食べている物と同じ物を、一口で食べられる量で、よそってあげましょう。そして味や舌ざわり、温度について話しましょう。その食べ物がどこからやってきて、どのように調理されたのか話しましょう。

家庭の本を増やしましょう

韻を踏んでいる本や、リズム感、繰り返し、本物そっくりのイラストのある本も選びましょう。

シンプルな選択肢を提示しましょう

「おやつはブルーベリーとリンゴとどっちがいい?」「靴下は自分ではく? それとも、手伝ってほしい?」*

＊「する? しない?」という選択肢を作らないのがポイントです。いずれにせよ「する」ことにな

る選択肢を考えましょう。

数え方を練習しましょう

五つ数える習慣をつけましょう。石が五個、ジャンプを五回、葉っぱが五枚、というふうに。子どもはそのような秩序感のある繰り返しを好みます。

「だめ」と口にするのは深刻な場合だけにしましょう

かわりに「家のなかでは静かに歩こうね」「赤ちゃん／イヌにはそっと触ったほうがいいね」というふうにポジティブな言い方をしたり、他のことに気をそらすようにしたりしましょう。頻繁に「だめ」と口にすると、子どもは聞く耳を持たなくなっていきます。

眠る時間が変わることもあります

生後一二ヵ月ごろには、多くの子どもが一日一回しかお昼寝をしなくなります。その変化を観察しましょう。

興味は移ろうものです

提示されたタイミングで準備された活動に取り組むことに、興味を持たないときもあるでしょう。その場合、活動は保留し、子どもを観察してタイミングがよさそうなときに、また誘ってみましょう。

子どもの発達

子どもは人生ではじめて、太陽の周りを一周したことになります。二周目は、新しく素晴らしい方向で成長を見せてくれるでしょう。

身体面

間もなく、歩いたり、しゃがんだり、階段をのぼったりするようになるでしょう。スプーンやコップを使って自分で食事したり、積み木でタワーを作ったり、クレヨンで絵を描いたり、お気に入りの本のページをめくったりするようになります。手を洗ったり、自分の体になにが出入りするかわかるようになったりするかもしれません。一般的に夜は一二〜一四時間眠り、お昼寝は一日一回になってきます。

感情面

どんどん自制心を身につけていく時期です。たとえば、イヌのおやつをつかんではいけないと理解できるようになります。しかし、実際につかむのをやめるというコントロール能力は、発達の途上です。語彙が増えていきますが、いつも思い通りに自分の気持ちを表現できるわけではありません。そのことにイライラして、ときにはかんしゃくを起こすこともあります。このような状態は一年ほど続きます。感情を爆発させるのは、成長過程において正常なことです。辛抱強く見守りましょう。

社会面

一歳の子どもは社会面でも成長し、名前を呼ばれると反応し、感情を表現し始めます。あなたの出す音をまねし、言葉を発するようになります。愛情や思いやり、人や物への好き嫌いを表すでしょう。また、ごっこ遊びや*平行遊び、いないいないばあも楽しめるようになります。

＊平行遊びとは、複数の子どもが同じ場所で同じ遊びをしながらも、相互にかかわりを持たない状況のことです。

認知面

子どもはいまもひっきりなしに世界を探索し、物に触れ、体をゆらし、味わい、物を投げて、なにが起きるか発見しています。さらに行動の結果を観察しています。言語習得における敏感期です（一年で約五〇単語を覚えます）。一般的に、あなたが話す言葉のほとんどを理解できます。ジェスチャーをたくさん用い、感情豊かに言葉を発し始めるでしょう。あなたや家族、ペットの名前を覚えていくでしょう。一語の指示には従うことができます。

道徳面

子どもは無意識に家庭や生活習慣について多くを吸収していきます。言語を習得し、あなたが料理する匂いに慣れ、大人と同じような物を食べ始め、家族の行事に参加します。あなたが人と対立する様子を見たり、相手への声色を聞いたり、他人をどう見ているかを吸収し、道徳面が発達していきます。あなたの好き嫌いを吸収していくのです。

環境を整える

子どもが歩き回る（よちよち歩きで移動する）ようになったいま、その能力に合わせて環境を変えなければいけません。

室内では新たな冒険が待っています。もし家に階段があれば、子どもは惹きつけられるでしょう。セーフティゲートの設置が不可欠です。階段の上り下りの練習は、必ず親の見守りのもとでおこないましょう。室内で歩く際は、スロープを使うのもよい方法です。一メートルほどの長さの平たい板を使いましょう。その上にボールを載せて転がしたり、おもちゃの車を走らせたりすることもできます。トンネル遊びも一歳児にとって素晴らしい活動です。

この時期、小さな筋肉は細かな動きを習得していきます。そのため大型ブロックや粘土のような、指や手を動かす教具を使用するといいでしょう。

どんどん言語を習得していけるように、詩や歌、指人形遊び、たくさんの本を生活に取り込みましょう。収納箱を室内の活動するエリアに置き、小さな動物や果物のおもちゃや、さまざまな色と形の積み木など、想像力をかき立てて語彙を増やすような物をたくさん入れましょう。

歩けるようになったいま、一日中歩き回りたがることでしょう。近所の公園や遊び場へ行きましょう。また、かごを持って自然散策に行き、木の実など素晴らしい宝物の数々を集めましょう。ボールを用意して転がしたり投げたり、バウンドさせたりしましょう。スプリンクラーを使い、シャワーのように降り注ぐ水のなかを走るのもいいでしょう。

寝室

一歳になると、ベビーベッドからフロアベッドに替える親御さんもいます。モンテッソーリ園では、昼寝の際にはフロアベッドを使いますが、必ず大人が見守りをします。家庭では見守りが難しい場合も多いため、フロアベッドの使用が現実的かどうか判断しましょう（フロアベッドについて詳しくは、83ページ『フロアベッドかベビーベッドか』参照）。

子どもはたいてい、床上九〇〜一二〇センチの目線で部屋を見ています。部屋を一二〇センチの高さで区切り、上と下で壁の色を塗り分けるのもいいでしょう。その下の部分に、見せたい写真や絵を飾りましょう。部屋は落ち着いた環境にし、眠ろうとしているときや眠っているときには、感覚を刺激する物がなにもないよう気を配りましょう。

子どもの手が届く低い棚を用意すれば、眠る前に読むお気に入りの本が置けます。常夜灯や、自然の心地良い音を流す機器を設置するのも良い方法です。朝に身だしなみを整える習慣をつけるため、壊れにくい鏡やくしを棚に置いておくのも良いでしょう。

寝室にクローゼットや衣服用の家具がある場合、ドアは取り外して、子どもが大きくなるまで保管しておくのがベストです。クローゼットのなかには、低い位置にフックを二つ、子どもの手の届く位置に棚を一つ設置しましょう。夜にはそれぞれのフックに一着ずつ服をかけ、棚には靴下と下着を二組ずつ置いておきます。翌朝、子どもに着たいほうを選ばせましょう。脱いだ服を自分で入れられるよう、クローゼットのなかに子どもサイズのかごの用意もお忘れなく。

このように、日常生活にシンプルな選択肢を用意し、子どもの自立心と自己肯定感を高めます。

活動する空間

よちよち歩きの時期になったいま、新しくできるようになった動きや発達を考慮し、活動する空間も変化させたいものです。モンテッソーリ園の教室では、子どもはロビー（教室に出入りする際の、手前のエリア）、食事準備エリア、活動エリアという、主な三つのエリアで「お仕事」をします。

家庭において、ロビーとは家族が家を出入りする際に通るエリアです。ここには子どもが座って靴を脱げるよう、低いベンチと、靴を入れておけるかごを置いておくと、自立の後押しになります。上着をかけられるよう、低い位置にフックをいくつか設置しておくのも良いでしょう。ロビーがない場合、できるだけ玄関ドアに近い場所に、ベンチとかご、フックを設置しましょう。

活動するエリアには必ず、子どもサイズの家具を設置しましょう。イスは自分で座ったりおりたりできるもの、テーブルは高さ四五センチほどのものが*適正なサイズです。本棚は高さ六〇センチ、幅九〇センチほどが理想的です。扉のないものにしましょう。

活動するエリアは明るく、楽しげで、落ち着いた雰囲気にします。低い棚にかごを二つか三つ置き、数えられるような物をそれぞれ五つ、積み木五つ、おもちゃの車五台、おもちゃのクマ五匹というように入れましょう。別の棚には絵本を何冊か、また太鼓や鈴などシンプルな楽器を置いておくのも良いでしょう。どの絵本も表紙が見えるようにしておきます。

活動する空間で子どもが自由に動き回れるよう、家具を設置しましょう。それが自立心と自己肯定感、自信を高めます。

この年齢における食事の準備とは、主に、食べ物は家のどこに保管されていて、どこで調理して、どこで食べるか、その位置を覚えることです。食材を仕分けたり、レシピに載っている項目を数えたりもできるかもしれません。家族と一緒に食事をするだけでも、食事は座ってするものだと認識し、会話をし、社会性を身につける機会になります。

＊日米の体格差もあり個人差もあるので、サイズはあくまでも参考にとどめ、子どもの身長やイスとのバランスを考慮して選びましょう。

浴室・トイレ

子どもは必ず浴室に興味を示すようになります。おそらくすでに浴槽のなかで遊ぶのが好きになっているでしょう。間もなく洗面台を使ったりトイレを探検したがるようになるでしょう。

好奇心は育まなければなりませんが、安全第一です。まずは薬品類を子どもが立ち入れない場所へ移し、滑りやすいバスマットは置かないようにしましょう。

浴槽では、おもちゃはメッシュの袋に入れておくと、水を切るときに便利です。子どもは自分の体だけでなく、浴槽や浴室の壁を洗うのも好きです。洗う場所を区別するために、色の違うタオルを何枚か用意して渡すのもよいでしょう。

次はたいてい、洗面台に関心を示します。手前に踏み台を置きましょう。踏み台に乗ると、洗面台は脇の高さくらいになります。水を出したり止めたりするのは親がおこないますが、子どもは自分で手や顔を洗い、歯を磨くことができます。子どもの手が届く低い位置のバーに、タオルをかけておきましょう。

顔を拭くための濡らした布を用意しましょう。歯を磨くときは、小さな割れにくい皿に歯磨き粉を少し出してあげて、その皿と水の入ったコップを歯ブラシの横に置きましょう。鏡の位置が高いときは、子どもが自分の顔を見られるよう、子どもの目線の高さにも鏡を設置します。歯ブラシを二本用意し、毎回選ばせるのもいいでしょう。歯ブラシに歯磨き粉をつけ、歯を一本ずつ磨き、口をすすぐ方法を実演してみせましょう。よちよち歩きの時期の子どもは、習慣を身につけるのが得意です。次第に上手になっていくでしょう。子どもは良い習慣を身につけ、あなたは制限ある自由を備えた環境を整えていきます。

トイレトレーニングQ&A

モンテッソーリは世界各地を旅した経験から、*トイレトレーニングは文化によりさまざまだと知りました。ひとり歩きができるようになる前にトレーニングする家庭もあれば、四歳になり幼稚園などに入園するまでトレーニングしない家庭もあります。文化によりタイミングは異なりますが、ほとんどの子どもは完璧に習慣を身につけて、大人へと成長していきます。

よくある質問と答えをご紹介しましょう。

＊「トイレトレーニング」が一般的な用語ですが、モンテッソーリ教育では子どもが主体という考えから「トイレットラーニング」という言葉も使われます。大人による訓練ではなく子どもの学びです。

Q　子どもにトイレトレーニングしたいのですが、どこで始めればいいでしょう?

A　トイレを使うには、まずトイレはなにをする場所か理解しなければなりません。トイレはなんのために、どのように使う場所かを説明しましょう。

Q **トイレはなにをする場所か、子どもにどう伝えればいいでしょう?**

A 使うところを見せましょう。おむつについた便をトイレに流す様子を見せましょう。

Q **トイレに行く必要があることを、どう理解させれば(伝えれば)いいでしょう?**

A モンテッソーリ教育において重要なのは、子どもが自分の体について気づく必要があるという点です。まずは、いくつか基本的な質問をすることから始めるといいでしょう。「嬉しい/怒ってる?」「お腹がすいてる/お腹いっぱい?」。このような質問をしているうちに、排泄したいと伝えられるようになるかもしれません。

Q **トイレに行くタイミングが自分でわかるようになったら、実際にどのように使用させればいいでしょう?**

A まずは、服を自分で簡単に脱げるようにならなければなりません。ウエストにゴムが入っている服が最適です。また、服を着たままで便座に座ったりおりたりする練習も必要です。それができるようになり、トイレがなにをする場所か理解できたら、排泄したいときにはトイレでしていいと伝えます。実際に排泄するまでは流しません。何度か成功したら、おむつではなく下着をはくよう促してもいいでしょう。数ヵ月は失敗するでしょうが、それは普通のことです。

Q　**トイレトレーニングにはどのくらいの日数がかかるでしょう？**

A　どんな子でもいつかは、たいていは五歳までにトイレで排泄ができるようになります。なかなかできるようにならなくても、うろたえたり、無理やりトイレで排泄させようとしたりしてはいけません。自分の体は、自分でコントロールできる状態でなければいけません。

Q　**昼間はトイレで排泄できますが、夜はまだおむつが必要です。どうすればいいでしょう？**

A　使い捨てのトレーニングパンツや別のブランドのおむつに替えて、「夜のパンツ」または「パジャマパンツ」と伝えましょう。昼間はトイレで排泄するけれど、夜はおむつに排泄していい、というふうに時によって変えてしまうと、子どもは混乱します。

Q もう少しでトイレトレーニングを終えそうなときに、失敗してしまいました。どうすればいいでしょう？

A 失敗はつきものです。あまり神経質にならず、いつも通りの態度を保ちましょう。「パンツがぬれているよ。自分で脱いで新しいのにはきかえる？　それとも手伝ってほしい？」というふうに声をかけましょう。解決の仕方を自分で決めさせることで、問題解決のスキルと順応性が培われます。

Q モンテッソーリ園では、どのようにトイレトレーニングしていますか？

A 子どもが歩けるようになると、着替えの際には教師がトイレに連れていくようになります。するとそのうち、子どもは自分から、便座に座って排泄してもいいかときいてくるようになります。

トイレで排泄して水で流す経験をすると、それから日中、頻繁に、またトイレで排泄していいかときいてきます。排泄物を水で流すのが、子どもにとってはとびきり楽しいことなのです。

探索しよう！

一歳からの一年間はまさに感覚の敏感期です。引き続き、感覚的な刺激に満ちた環境を用意しましょう。あなたが食事を準備する様子を、子どもに観察してもらいましょう。食材に触れ、味見してもらい、どんな感じがするか、そのたびに尋ねましょう。体験したことを話すための新しい語彙を伝えましょう。子どもにとって料理は魔法のようなものです。わくわくして、科学的な疑問を抱くきっかけとなります。

こうした経験を得られるのが、これから紹介する活動です。ただし、これはほんの一部です。子どもを夢中にさせる方法は無限にあります。ひょっとすると、ガーデニングや絵を描くこと、ピアノ演奏など、あなたが大好きな活動も当てはまるかもしれません。あなたの活動を子どもに紹介し、参加させて楽しみましょう。

また、子どもが自由に動き回って世界を探索し、活動を選べる安全な空間を準備することも忘れないでください。器用に動けるようになってきたら、より難しい活動に取り組む機会を作りましょう。体力や持久力、バランス感覚、身体の動きの協調性を養います。あなたが習慣にしている運動やヨガを子どもにまねしてもらいましょう。全身の大小の筋肉を使うよう促しましょう。

モンテッソーリの言葉

小さな子どもの吸収する精神は、周りからあらゆる栄養を取り込んでいきます。そして自分の居場所を築き、取り込んだもので自分を作り上げていきます。そのため、特に生まれてすぐの時期に、できるだけ興味を引く魅力的な環境を整えておかなければいけません。これまで見てきたように、子どもたちは次々と発達の段階を経ていきますが、全ての段階において、周りの環境が重要な――そして異なる――役割を持ちます。生まれてすぐの時期は、そのなかでも最も重要です。

――『子どもの心――吸収する心』

活動1 シャボン玉で遊ぼう！

解説 シャボン玉はまるで、魔法がかかっているかのようです。子どもは、魔法の杖からシャボン玉が出てきて、ふわふわとただよう様子を見るのが好きです。シャボン玉は「触って」と子どもに呼びかけるようです。触ると割れるのを見て、子どもは行動の結果を見てとります。上手に吹くと、シャボン玉はたくさん出てきて、子どもは自信をつけ、さらに発見を続けていきます。シャボン玉に触って割るのは、手と目の協調の練習にもなります。

教具 シャボン液の入ったボトル、シャボン玉ストロー

手順

❶ 子どもが遊べる屋外の場所に、まずあなたが行きます。

❷ わくわくした声で、子どもにシャボン液のボトルを見せて呼びかけます。「ねえねえ、このなかにはなにが入ってると思う?」

❸ ボトルのなかにシャボン玉ストローを入れて液につけ、シャボン玉をいくつか吹きます。子どもが見ているか確認しましょう。

❹ シャボン玉に触るとどうなるか、やってみせます。消えたら、おどろいたふりをしてください。「どこに行っちゃったのかな?」

❺ シャボン玉を触るよう、子どもに促します。

発展 ストローでシャボン玉をふくらませたところで止めます。子どもに顔を近づけてもらい、シャボン玉の表面に自分の顔が映っている様子を見せましょう。シャボン玉を見るけれ

ど触らないという、衝動を抑える練習にもなります。子どもがストローを吹くと、口の筋肉の発達につながります。

活動2 粘土で遊ぼう！

解説 粘土遊びは、指の小さな筋肉を使うのにおすすめです。色についても学べる上、物を練りこむと楽しい触覚体験になります。

教具 市販または手作りの粘土（「発展」参照）、気密性の高い容器、無地のテーブルマット

手順

1. 床や子ども用テーブルなど平らな場所にテーブルマットを敷き、その上に粘土の入った容器を置きます。
2. 子どもを誘います。「さあ、今日のお仕事をしましょう」
3. 容器のふたを開けて粘土を取り出し、これます。なにをしているか、子どもに伝えましょう。「これは粘土だよ。緑色だね。やわらかいね。触ってみる？」
4. 粘土を少し子どもに渡します。押したり形を整えたり、丸めたりしてみせましょう。
5. 粘土はテーブルマットの上で使うように伝えましょう。遊び終わったら、容器に入れ

てふたを閉めてみせます。そして、粘土の入った容器の置き場所を示します。

発展 粘土遊びが好きになり、「また粘土で遊びたい？」という言葉の意味を理解できるようになったら、粘土を手作りする方法を教えてもいいでしょう。そうすれば、粘土の材料を触ったり、見たり、匂いを嗅いだり、味見したりできます。

粘土を手作りする方法

材料 小麦粉一カップ、塩四分の一カップ、水四分の三カップ、レモン汁大さじ三、サラダ油大さじ一

道具 ボウル（小）五個、ボウル（大）一個、気密性の高いふたつき容器一個

手順
1. 材料を計量し、それぞれボウル（小）に入れます。
2. 小麦粉をボウル（小）からボウル（大）に移します。
3. その際、子どもに声をかけます。「これは小麦粉だよ。匂いを嗅いでみる？」
4. 他の四つの材料もボウル（大）に加え、そのたびに「これは塩だよ。味見してみる？」「これは水だよ。触ってみる？」というふうに材料について話します。

⑤ 子どもに手伝ってもらいながら、粘土状になるまで生地をこねます。楽しくこねましょう。

⑥ これ終わったら容器に入れて、ふたを閉め、しまう場所を示します。冷蔵庫に保管するのが最適です。

活動3 砂遊びをしよう！

解説 わたしたちは大人になると、触覚よりも視覚と聴覚で情報を得るようになります。しかし、よちよち歩きの時期の子どもは触覚で多くの情報を得ます。そして、砂ほど触覚の楽しい物は、なかなかありません。細かな粒状の自然物で、水を加えると形が変わり、子どもは次々と新しいアイデアを生み出し、さまざまな発見をします。

教具 砂　約二キロ、プラスチックのバケツ、シート、小さな容器三つ、子ども用サイズのシャベルと熊手

手順

① 活動をおこなうエリア内にシートを敷きます。

② バケツに砂を入れ、シートの上に置きます。

❸ 子どもを誘い、バケツのなかになにがあるか見てもらいます。

❹ 砂を触って、子どもに話しかけます。「これは砂だよ。乾いていて、ざらざらしているよ」

❺ 子どもにも、両手を砂に入れるよう促します。砂が手に触れる様子を伝えます。「砂が手につくね」

❻ 子ども用サイズのシャベルを使い、子どもと一緒に砂を三つの小さな容器に入れます。入れた砂は出さないように伝えます。

❼ 終わったら、一緒に手を洗います。

発展 次回おこなうときには水を加え、砂の状態を変えて固めて遊びましょう。スプーンや子ども用サイズの熊手など、他の道具も使いましょう。海岸へ行くときは、砂に触れて、家でおこなうときと同じように容器に入れます。

ひとりでさせて！

この年齢の子どもは、自立という発想をし、試している段階です。このとき、親はシンプルな選択肢を提示することが大切で、どちらを選んでも正解となるようにします。環境を適切に準備するというのは、子どもが選択でき、なにを選択しても失敗しない状況を作ることです。

幼いうちから、モンテッソーリ教育の「日常生活」の概念を取り込みましょう。たとえば子どもにおむつを持たせて、あなたがお願いしたときに渡してもらうようにするなど。

子どもは発達のあらゆる面で、自立への探求を続けます。身体面では、さまざまな体の動かし方を身につけなければなりません。社会面と感情面では、自分が誰なのか認識し、自分を表現しなければなりません。認知面では、自分で考える自由がなければなりません。ひとりで考え、その内容を表現する自由を持てることが、モンテッソーリ教育の贅沢な点です。こうしたことを、モンテッソーリは子どもの全人格を育てるうえで不可欠と考えました。

モンテッソーリの言葉

モンテッソーリ教育のアプローチにより、子どもは自信を持って新しいことにチャレンジし、助けが必要なときが自分でわかるようになります。また、大人に手伝ってもらって課題を達成するのではなく、自分でするにはどうすればいいのかを学ぶために手伝ってもらう姿勢になります。モンテッソーリは著書『幼児の秘密』のなかでこう記しました。「少し余裕を与えられると、子どもはすぐに『やりたい！』と叫ぶようになります。しかし、子どものニーズに合わせた環境を整えているモンテッソーリスクールでは、子どもはこう言います。『ひとりでするのを手伝って』」

活動1　顔を拭こう！

解説　子どもは一歳になると、あなたが顔を拭いてあげるミニタオルに指をかけるでしょう。そしてどうして濡れたタオルを顔につけるの？　と好奇心を抱くのです。この活動では、その疑問への答えを見つける手助けをし、自分で顔を拭こうという気持ちを起こさせます。それが自立心と達成感につながります。

教具　濡れたミニタオル

手順

❶ 子どもが食事を終えたら、顔を拭くという概念を伝えます。「濡れたタオルで顔を拭いてあげるね。手伝ってくれる？」

❷ タオルを見せ、触らせて、生地と湿った感触を確かめてもらいます。濡れていること

を伝えましょう。

❸ 一緒にタオルで子どもの口の周りを拭きます。「顔についた食べ物を、タオルで拭こうね」

❹ 子どもが自分で顔を拭くよう促します。

❺ 拭けていないところがあったら、食べ物のついているところを全部拭くように伝えます。「まだついているところを、一緒に拭こうね」

❻ 拭いたタオルをどこに持っていくか示し、次回は自分で拭いていいと伝えます。「ごはんを食べた後は、いつも顔をきれいにするんだよ。次は自分で拭いていいからね」

発展 食事の前と後の自分の顔を見られるよう、鏡の前や近くで食べてみましょう。食後に拭けば、拭いた結果も見ることができます。

活動2 歯を磨こう！

解説 生えている乳歯の数が何本でも、一歳になる前に歯磨きの習慣をつけておくのは良いことです。夜寝る前など、毎日同じ時間に磨く習慣をつけましょう。

教具 生え始めの乳歯用歯ブラシ（毛がやわらかく、ヘッドが小さく、持ち手が大きいも

の)、鏡、フッ素入りの歯磨き粉を小皿に少し、小さな紙コップに水を半分

手順

❶ 毎日同じ時間に声をかけます。「歯をきれいにする時間だよ。洗面所に歯ブラシを取りに行こう」

❷ 子どもに歯ブラシを持たせ、蛇口の下で水で濡らします。あらかじめ、小皿に少量(米粒程度)のフッ素入り歯磨き粉を出しておき、子どもにつけてもらいます。

❸ 鏡を見ながら二〇秒ほどブラシを口のなかで動かすよう促します。その間、ちょうどいい長さの歌を歌ってあげます。

❹ 歯を見るよう伝えます。「きれいになった歯を見てみよう」

❺ コップの水で口をすすぎ、紙コップのなかに吐いてもらいます。

発展 子どもが「いいよ」と言ったら、あなたが子どもの歯を磨き、ブラシの動かし方を見せてもいいでしょう。

活動3 おもちゃを片づけよう!

解説 子どもは秩序を好みます。使う道具の置き場所が全て決まっていると、片づけは大き

なパズルに取り組むようなものになります。やがて、次の活動に移る前に、いまおこなっていた活動で使った教具は片づけなければならないと学んでいきます。

教具　ふだん使っている積み木などのおもちゃの入ったかご

手順

1. もうすぐおもちゃを片づける時間だと、早めに伝えておきます。そうすると子どもは、いましていることをやめて次の活動に移る心の準備ができます。
2. 子どもに「赤い積み木を探しているの。もし見つけたら教えてね」と伝えます。そして赤い積み木を拾いあげて、かごに入れます。他のおもちゃも同じ手順でかごに入れていきます。
3. あなたが探している物を子どもが持ってきたら、お礼を言ってから、かごに入れます。まだ残っているおもちゃがあったら、「他にも、かごに戻すのはあるかな？」と尋ねます。
4. 子どもが積み木を入れるのを手伝ったら、お礼を言います。
5. 積み木を全てかごに入れたら、「積み木は全部、かごに入れたね。かごを片づけて、粘土を出そう」と言います。

発展　わたしたちはみな、ときには助けを求めなければならないことがあります。助けを求める行動をとってみせるのは、子どもの教育にとって意味があります。助けを求めるには、自信が必要です。

活動4　おやつを作ろう！

解説　子どもは親のまねをするのが大好きで、食事の準備となると、なおさらです。この課題をこなすと大きな自信がつき、自立心が養われます。この活動は、食材がどこにあり、調理はどこでおこない、食事はどこでするかをすでに把握していて、ランチョンマットやナプキン、ボウルを運べる一歳半から二歳の子どもに最適です。いい気分で一日を過ごせるよう、午前中に取り組みましょう。

教具　子どもサイズのテーブルとイス、ランチョンマット、ナプキン、クラッカーを二〜三枚入れた小さなボウル、ホルダーに置いた濡らしたスポンジ、使用済みのボウルを入れる容器

手順

❶ 教具は全て、近くの低い棚に置くようにします。

❷ 子どもと一緒に手を洗い、ランチョンマットを出してテーブルに敷いてみせます。次に、クラッカーの入ったボウルとナプキンを置く場所を子どもに示します。

❸ 一緒におやつを食べます。

❹ 食べ終わったら、ナプキンを捨てる場所（ゴミ箱）と、空になったボウルを入れる場所（容器）を示します。

❺ 濡らしたスポンジを使って、ランチョンマットを拭いてみせます。そして、スポンジはスポンジホルダーに、ランチョンマットは棚に戻すことを提示します。

❻ 最後に、明日からはお腹がすいたときにはいつでも自分で出して食べられるよう、おやつを準備しておくと伝えます。

❼ 一緒に手を洗いながら「食べ終わったら、必ず手を洗おうね」と話しましょう。

発展 おやつの時間の手順をマスターしたら、シリアルに挑戦してもいいでしょう（自分でミルクを注げるようになっていれば。175ページ『注ごう！』参照）。子どもが必要とする道具を全て、棚の低い位置に、使う順番に並べておきます。

活動5 洗濯を手伝おう！

解説 一歳半ごろから、幼児は家のなかでお手伝いをするのが好きになっていきます。洋服の仕分けは秩序を好む傾向とマッチし、区別の仕方や物をそろえることを学ぶのにも役立ちます。大人のすることを見て、大人が仕事を終わらせるのを手助けできたと感じると、自立心と自己肯定感が高まります。

教具 洗濯物（できればさまざまな種類が混ざっている状態で）、清潔なシート、洗濯物の種類の数のかご

手順

❶ 床にシートを敷き、その上に洗濯物を置きます。そして子どもと一緒に探索します。「洗濯乾燥機から出してきた洗濯物だよ。匂いを嗅いでみよう。どんな匂いがする？洗いたての匂い？」

❷ かごを種類別に言葉で示します。「靴下はこのかご、パンツはこのかごだよ。今週また着られるように、洗濯物を分けてかごに入れよう」

❸ 全部できたら、そのお仕事を認めましょう。「洗濯物を全部分けてくれたね。クロー

ゼットのどこにしまうか、やってみたい？」

❹ 子どもが興味を示したら、かごをクローゼットに運ぶのを手伝ってもらいます。

発展 仕分けが終わったら、子どもの様子を見ます。靴下にはそれぞれ違いがあり、ペアにできることに興味を示すかもしれません。下着をたたむのに興味がありそうなときには、手伝ってたたんでもらってもいいでしょう。

活動6 ガーデニングをしよう！

解説 子どもにとって、自然に囲まれるのは不思議でいっぱいの経験です。もし自宅に庭があったら、子どもにも（一歳半ごろ以降）手伝ってもらいましょう。鉢植えでも大丈夫です。あなたが植物を鉢に植え、世話をして、水やりをし、雑草を抜き、花を摘み、野菜を収穫して食卓へ持っていく様子を見せることができます。

教具 子どもサイズのじょうろか霧吹きに水を半分、花や野菜を入れる小さなかご

手順

❶ 子どもを庭や鉢植えのある場所に連れていきます。

❷ 植物をどのように見て回り、触るかをやってみせ、植物の名前を教え、どんな植物か

伝えます。

❸ 植物にそっと触るよう、子どもに促します。植物は水を飲むから、水やりをしなければならないと説明します。

❹ 子どもにじょうろを見せ、水やりをしたいか尋ねます。じょうろを両手でどのように持つか、やってみせてから、「片手より両手のほうが持ちやすいでしょう？」と伝え、子どもに持たせます。

❺ できるなら、収穫に適したタイミングの野菜を収穫し、持ち帰って食材にするためにかごに入れます。

❻ 引き続き探索しましょう。

発展 庭がない場合、窓辺のプランターで植物を育てるのも素晴らしい方法です。子ども専用の植物を用意して、自分で世話をし、成長を観察するのもおすすめです。

体を動かそう！

歩きはじめの幼児は、体の新たな動かし方を覚えたばかりですから、動き回って探索できる安全な空間が必要です。この一年は、遊び場に連れていきましょう。幼児向けにデザインされた遊び場が理想的です。遊具を見て回り探索するのを手助けし、のぼらせてみましょう。自然散策に連れていき、舗装されていない地面を歩けばバランス感覚を養えます。いつでも、できるだけ歩くようにしましょう。

子どもは歩くだけでは満足せず、もっと動きたがります。大小の筋肉を動かす運動が必要です。クッションを使って、室内に障害物コースを作りましょう。走ったりジャンプしたり、よじのぼったり回転したりといったことができるようにしましょう。

この年齢では、指や舌の小さな筋肉を動かすのにも特に注意力を要します。砂や土、粘土など、指を動かせるものを使って遊ばせましょう。シャボン玉を吹くのは口の筋肉の運動になります（123ページ『シャボン玉で遊ぼう！』参照）。ボールは投げたりキャッチしたり、転がしたり蹴ったり、さまざまな動きをする機会を提供してくれる魅力的で楽しい道具です。ボールはあちこちへ飛んでいくため、環境が整っているか、あらかじめ確認しましょう。

ここでは、親子で取り組みたいアイデアをいくつか紹介します。ご自身の想像力も存分に羽ばたかせてください。屋内でも屋外でも、活動する空間をあらかじめよく見て、子どもがもっと動けるように、さらなる活動がないか考えましょう。

モンテッソーリの言葉

長い時間をかけて繰り返し練習し、その動きを習得した子どもや、楽しく興味深い活動に取り組むよう後押しされてきた子どもは、健やかさと楽しさに満ち、落ち着きと自制心を保つことに優れています。

――『子どもの発見』

活動1 ネコのように歩こう！

解説 子どもは他人や動物の体の動かし方を観察しています。この活動では、その観察力を活かして、さまざまな新しい体の動かし方を身につけます。

教具 なし

手順

1. 子どもと一緒に、ネコがどのように動くか観察しましょう。動画でもいいですし、ネコを飼っていれば、そのネコでも構いません。そして動きについて話しましょう。「ほら、どんなふうに身をかがめてるか、見てごらん。ジャンプするところも見て」

❷ 子どもに聞いてみましょう。「ネコそっくりに体を動かせる？」

❸ できればあなたが身をかがめたり、ジャンプしたりして、ネコの動きをまねしてみせましょう（子どもの年齢やあなたの身体能力に応じて、動きを調整して構いません）。

❹ わかりやすいスタート地点とゴール地点を決め、一緒にネコの動きで進むことにします。「このソファーの横から向こうのキッチンまで、ネコみたいに進んでいこう」

発展 自然や家のなかで、また子どもが本で目にした、他の動物の動きもやってみます。鳴き声もまねしてみましょう。

活動2 押して引いて、持ち上げよう！

解説 筋肉を発達させるには、たくさん運動する必要があります。この活動では水差しにさまざまな物を入れるため、運動になるだけでなく、バランス感覚を養えます。

教具 持ち手とふたのある空の水差し二つ（容量一ガロン＝約三・八リットル。透明なものがおすすめ）、水、羽根、食用色素、のり、床用テープ

手順

❶ 二つの水差しの全体を洗います。片方の水差しに半分まで水を入れ、食用色素を入れ

ます。もう片方の水差しには羽根を半分まで入れます。

❷ 水差しのふたを二つとも閉め、ふたをのり付けします。

❸ 水差しを二つとも子どもの横に置き、あなたは部屋の反対側に行きます。

❹ 子どもに、羽根の入った水差しを持ってきて、とお願いします。持ってきたら、今度は水の入った水差しを持ってきて、とお願いします。持ってくるときに、子どもが水差しの扱いに慣れるまで、持ち上げたり押したり引っ張ったり、どんな運び方をしても、そのまま見守りましょう。そして、あなたが観察したことを伝えましょう。「わあ、水って重いね」「羽根は軽いから運びやすいね」

❺ 次に、床にテープを一八〇センチ貼ります。そして、水差しを一つ持ちながらテープの上を歩いてみせます。

❻ 同じことをやってみて、と子どもを誘いましょう。

発展 重さに気を配りましょう。水を減らしたほうが、子どもがうまく運べそうなら減らします。水差しに入れる物を変えるのもいいでしょう。花びらや、切り刻んだ紙、砂など、軽い物から始めます。床のテープをまっすぐからジグザグに貼り替えてもおもしろいでしょう。

活動3　塗ってみよう！

解説　絵筆を使ったお絵描きはクリエイティブな活動であると同時に、腕の筋肉の重要な部位を発達させる動きでもあります。この活動では、適切な筆のにぎり方や、筆に含ませる水の量の調節の仕方を身につけられます。また、筆を動かすと紙にどのような変化が起きるか見ることができます。動きをコントロールし、水の量を調節できるようになったら、チョークやクレヨンを使ってもいいでしょう。

教具　絵筆、ロール状のクラフト紙、テープ、水を深さ一～一・五センチまで入れた容器

手順

1. クラフト紙を約一メートル分、床にテープで貼ります。
2. クラフト紙の真んなかに、水の入った容器を置きます。
3. 絵筆を取って水をつけ、クラフト紙に「塗って」みせます。
4. 絵筆を子どもに渡して描いてもらいます。左右どちらでも子どもの好むほうの手で、腕を大きく動かして塗るよう促します。
5. 水浸しになっている場合は別として、クラフト紙は乾かして丸めて、後で色塗りをするときに再利用しましょう。

発展　クラフト紙を壁にテープで貼っておこないます。それにより、塗る作業や水に重力がどう影響するか、子どもにわかるでしょう。

自分を表現しよう！

モンテッソーリは、言語能力は生まれてから二、三年の間に発達させなければ、後から習得するのがとても難しくなる場合が多いと気づきました。乳幼児期の子どもは、あなたの言葉を理解する方法を無意識に学び、言葉をまるごと自分のものにする技術を発達させていきます。この時期、子どもは自分の言葉で表現できる内容の一〇倍を理解できます。

これまでも、子どもの世界を言葉で満たし続けてきたと思いますが、これからは、より意図的におこないましょう。一歳の間、子どもは無意識にあなたの発する言葉の文法や構文を吸収しています。「なにがほしいでちゅか？」と赤ちゃん言葉で尋ねるのではなく、「なにがほしい？」というように、正しい言葉づかいで話しましょう。

同じ歌や詩を繰り返し聞かせ、言語の素晴らしい韻やリズムを子どもが理解できるようにしましょう。バイリンガルの家庭なら、家でも両方の言語を使いましょう。また家族について話す習慣を作り、あなた以外の家族にも話をしてもらうよう促しましょう。

社会面と感情面の発達の一部として、幼児前期の子どもは言葉だけでなく声の調子も聞き分けるようになります。話すときに、意識的に感情を表すよう努めましょう。

言語能力が高まれば、創造的な表現能力も高まります。たくさんの繰り返しのあるおかしな歌を作って、子どもと歌いましょう。子どもにおかしな話をしましょう。そして、その歌や話はおかしいな、と子どもがわかるようにしましょう。子どもはまだ、現実とファンタジーの違いを学んでいる途中なのです。

モンテッソーリの言葉

モンテッソーリは、子どもが言語面と身体面を並行して発達させていくのは、自然の大いなる計画だと考えていました。『子どもの心――吸収する心』のなかでこう記しています。「そのため、人は段階を踏んで発達します。順に段階を踏んで自立していき、自由を享受します……子どもに成長の機会を与えるのはまさに自然です。人に自立心を授け、自由を手にできるよう導くのは自然なのです」

活動1　本を読もう！

解説　子どもが生まれてからこれまで、一ページに絵や写真、単語が一つずつ載っているシンプルな絵本を見せてきたことと思います。一歳になったいまは、始まり、中、終わりのある短いシンプルな物語を読み聞かせるといいでしょう。リズムと韻のある本が最適です。

教具　一、二歳向けの本

手順

1. 子どもをひざに乗せて、一緒に本を見ます。
2. 子どもに表紙を見せ、タイトルを読み上げます。
3. 読みながらどのようにページをめくるのか提示します。
4. ページをめくる前には必ず、なにか質問をしたり、ページをよく観察したりします。同様に、読み方も提示します。単語がそれぞれ記号（文字）の集まりでできていることを子どもが理解し始めるように、ページに載っている文字を全て見せます。
5. 本を読み終えたとき、子どもが「もう一回」と言ったら、もう一度読み聞かせましょう。同じ話を何度も読むと秩序感が満たされ、記憶力が増していきます。
6. 本について質問します。「この本に出てきたイヌ、好き？」

⑦ 本を所定の置き場所に戻します。しっかりした厚手の紙の絵本を数冊、子どもがいつでも見られるようにしておきましょう。一般的な薄い紙でできた絵本は、ときどき読むだけにとどめておき、もう少し大きくなるまでは必ず大人が一緒に読みましょう。

発展 子どもは自分自身や、なじみのある物の写真を見るのが好きです。子どもや家族、なじみのある場所の写真を集めたアルバムを作って、「読み聞かせ」ましょう。アルバムは一つのテーマにしぼり、五ページほどにおさめます。たとえば家族全員の顔写真や、動物、おやつ、おもちゃなど、同じ種類のものの写真をL判サイズ程度の大きさで五枚入れましょう。

活動2 お店に行こう！

解説 子どもは質問するのが好きですが、逆に質問をされて答えを考えることも必要です。子どもには基本的に「はい」「いいえ」で答えられるシンプルな質問をしましょう。それから次第に、他の一単語で答えられる質問に移りましょう。スーパーマーケットへ行くと、質問できることがたくさんあり、実用的な単語に触れられます。

教具 なし

手順

❶ 子どもに、お店に行こうと誘い、なぜ行くのか伝えます。「果物を買いに、お店に行こう」

❷ お店の通路を歩きながら、子どもを観察し、視線の先を追いましょう。なにが子どもの目を引いているか見て、足を止めて確認します。「バナナを見ているの？」「買って帰ろうか？」

❸ 次の通路では、もう少し踏み込んだ質問をします。「リンゴは好き？」

❹ その食べ物がどこから来たのか説明します。「リンゴは木になっていて、農家の人がとるんだよ。それで、運ぶ人がお店まで車で運んで来るの。だからお店で買えて、家に持って帰っておやつに食べられるんだね」。子どもが果物の名前を繰り返したり、思い出したりできなくても、さまざまな果物の名前を聞かせます。

❺ 引き続き商品を選び、子どもに質問し、答えを提供します。

発展 海岸や公園、郵便局などへ行ったときも、この活動をおこないましょう。世界への興味を共有しましょう。

活動3　振ってみよう！

解説　音楽の世界への入り口として、とても適した活動です。聴覚やバランス感覚、創造力も洗練されます。シェイカーを手作りすることもできます。米や小石、砂を容器に入れ、しっかりとふたを閉めておきます。

教具　振ると音が鳴るさまざまな物（シェイカーと呼ぶ）、かご、リズミカルな音楽、音楽プレイヤー

手順

1. ガラガラやマラカスなど、振ると音が鳴るさまざまなシェイカーをかごに入れておきます。
2. かごから一つ取り出して自分の右耳の近くで振り、次は左耳の近くで振ります。そしてかごに戻します。
3. 全てのシェイカーを、同じように振って音を聞いていきます。
4. 子どもに、耳の近くで振ってみたいか尋ねます。
5. 最後にリズミカルな音楽を流し、リズムに合わせてシェイカーを振ります。一緒に振るよう、子どもを誘いましょう。

❻ さまざまな音楽でやってみましょう。子どもがどの音楽を楽しんでいるか、観察します。曲の名前や音楽のジャンル、演奏しているアーティストの名前を伝えましょう。

発展 音楽に合わせて振りながら、ダンスしたり歌ったりするよう促しましょう。ダンスはわくわくする新しい方法で体を動かして自分を表現する、素晴らしい手段です。

次へ進む前に……

この一年を振り返ると、お子さんの成長に驚くことでしょう。つかまり立ちから、たっち、よちよち歩き、そしてしっかりと歩けるようになりました。ジェスチャーや泣くことでしかコミュニケーションをとれなかったのが、言葉を使うようになりました。いつも大人に食べさせてもらったり、おむつを替えてもらったりしていたのが、いまでは自分でおやつを用意したり、ときには失敗しつつも、トイレを使い始めたりするようになりました。

次の一年も、同じように目を見張る発達をさらに遂げていきます。運動や言語、感覚の敏感期のなかで前進し続けます。また、いままでにも増して自立心をはっきりと見せ始めます。子どもの人生のなかでも、とりわけ素晴らしい段階です。二歳を迎えるにあたり、いくつか心に留めておいていただきたいことを挙げます。

●二歳になると、一歳のときよりも動きが速くなります。子どもの目線で、環境の見直しと調整を続けましょう。

●二歳児のエネルギーはとどまるところを知りません。屋内でも屋外でも、体を動かす活動をしましょう。足や腕、胴体の大きな筋肉に加え、手足の指や舌、鼻を使った活動をする準備もしましょう。

●イライラのサインに気づくようにしましょう。二歳児は、新しい情報や自立したいともがく気持ちのせめぎあいで、混乱することがよくあります。

●子どもの成長の基礎となる役割を果たしてきたご自身を、誇りに思いましょう。エネルギーと忍耐を必要とする役割に、ときにはストレスを感じたかもしれませんが、子育てはこれ以上ないほど価値のある経験なのです。

第5章 幼児初期 ～2歳～

生まれて三年目に入ったこの年には、自立した人間へと発達していくお子さんの姿を目の当たりにするでしょう。身軽に動けるようになり、話せる言葉が増え、社会とつながるにつれて自信と自立心が育っていきます。この章では、あふれ出る感情（かんしゃく）への対処の仕方と、成長する子どもに応じた、発達に適した新しい活動に焦点を当てます。

自立を促す

子どもはみな、人生のなかで幾度か移行期を経験します。最初は誕生のときで、それまで子宮につながっていたのが、外の世界に出て活動し始めます。子どもはまだ母親に頼っているものの、独立した一人の人間になります。

二番目の移行期は、二歳ごろに始まり、三歳になるまで続きます。子どもはこの時期に、あなたから離れて一人で歩いていけることを理解し、言葉やそれ以外の方法で自分を表現します。そして、自分の体に出入りするものをコントロールできるようになります。もちろんまだ、ほとんどの判断は大人がしますが、子ども自身も選択をし始めます。この一年を通し、自立心をどんどん高めていく姿を目にすることになるでしょう。

モンテッソーリの理念では、こうした自立を抑えつけるのではなく、伸ばすよう後押しします。モンテッソーリ教育で重要なのは、自立心を育み、それによって身体面や社会面、感情面、認知面の発達を促すことです。この章では、子どもを注意深く観察し、新しく環境を準備し、選択肢を与え、行動を変化させることにより、芽生え始めた自我を育てる方法を見つけていきます。

この章を読む前に

二歳児にモンテッソーリの教えを実践するにあたり、次のことを念頭に置きましょう。

自立は良いことですが、責任を持つのはやはりあなたです

環境をデザインし、教具を与え、制限を設けるのはあなたです。子どもは自分の生活について、あなたがしっかりと錨《いかり》の役目を果たしてくれていると思うことで、安心感や落ち着き、秩序感が満たされます。

忍耐力を持ちましょう

自立への新たな意識が、ときには、あなたと子どもの間に難しい状況を作り出すかもしれません。

子どもを観察し続けましょう

子どもが見るものをあなたも見て、聞いている音を聞いて、味わっているものを味わいましょう。子どもがどれだけ多くのことを無意識の精神で取り込んでいるのかに気づき、驚く

はずです。

運動を取り入れましょう

二歳児はとても動きたがりますし、動く必要があります（156ページ『身体面』参照）。歩けるようになったら、できるだけたくさん歩くよう促しましょう。

本格的に子どもの主体性に任せるときが来ました

この段階で、どの程度、子どもの主体性に任せて大丈夫か見直しましょう。この一年の自由が、自立心と自信につながります。

選択肢を提示すれば、結果をコントロールできます

選択肢の提示は、あなたにとっても子どもにとってもメリットがあります。あなたがいつも、どちらを選んでも不都合が生じない二つの選択肢を提示すれば、子どもは自分で選択できます。

この年齢の子どもにやさしい家庭環境にしましょう

子どもが自由を感じられるのは、家庭内で接するものが管理されているからです。

あっという間に過ぎ去ってしまう時期です

大切に楽しみましょう。

子どもの発達

「魔の二歳児」という言葉を耳にしたことがあるかもしれませんが、実際にはそのような時期はありません。二歳児は非常に好奇心が強く、陽気でエネルギーに満ちあふれていて、人生を楽しんでいます。二歳になった子どもの行動には、毎日驚かされることでしょう。

身体面

二歳児はとても活発です。階段を上り下りしたり、後ろ歩きや横歩きをしたり、飛び跳ねたり、ボールを投げたり蹴ったり、ドアノブを回したり、積み木でタワーを作ったり、クレヨンを使ったり、パズルを解いたりするでしょう。右利きか左利きかわかってくるかもしれません。感覚面の発達を続けるこの時期に、できるだけたくさんの経験をさせたいものです。

調理の際は、材料の味見をしてもらってから、混ぜたり加熱したりしましょう。さまざまなジャンルの音楽を聞く時間を作りましょう。貝殻やポンポン、泥、雪など、感触を楽しめる素材を詰めた容器を準備しましょう。そして、どう感じるか尋ねて表現してもらい、どんな言葉で言い表せばいいか、子どもが語彙を持たないときには手助けしましょう。

感情面

自立心が一気に高まるのが二歳児の特徴です。自立心が育つと、自尊心や自信を持つようになり、自己肯定感が高まります。攻撃的な行動を取っていたのが、より建設的な行動を取れる自制心を身につけていきます。事情が変わったことを受け入れられるようになります。

社会面

どんどん自我が育ち、自分を他者とは違う一人の人間として認識するようになりますが、まだ自己中心的な傾向が残っています。「ぼく／わたしは」「ぼくの／わたしの」を理解し表現できるようになり、自立への道を進んでいきます。

認知面

この一年で、言語能力は飛躍的に伸びます。体の部位の名称を言い、おもちゃを分類できるようになります。代名詞や複数形、過去形、動詞を使い始め、単語を組み合わせて文を作り、千個もの単語を新しく覚えて、考えや思いを表現するようになります。

道徳面

家や家族について、もっとたくさんのことを覚えていくようになります。あなたが準備する食べ物や話す言語、お祝いをする休日について学んでいきます。

環境を整える

二歳児の好奇心は、とどまるところを知りません。あちこち動き回る能力に長けてきたいま、周りの世界に対する好奇心も増しています。さまざまな課題を投げかけ、いろいろな物を置き、興味を引きそうなことを取り入れていきましょう。玄関ドアかロビーの近くに、リュックサックをかけるためのフックと、出かける前に身だしなみを確認できる鏡を用意するといいでしょう。キッチンでは、あなたが料理したり、テーブルセッティングしたり、配膳したり、片づけたりするのを手伝いたがるようになるでしょう。家に庭がある場合、いまなら扱える子どもサイズの道具がないか見回しましょう。子ども主体を念頭に、自立心をうまく利用して学びと成長の手助けをしましょう。

寝室

子どもは誰でも、自分の空間を必要としています。家族で共有する寝室の半分でも、自分だけの寝室でも構いません。自分の空間があることで、他人から邪魔されない安心感のある領域を維持できます。

また、子どもは誰でもアイデンティティーを必要としています。寝室をきょうだいと共有していても、その空間に特有のアイデンティティーを与えることが大切です。二歳児は色の区別ができます。好きな色を選んでもらい、その子のエリアや荷物置き場、ベッドを識別するのに使いましょう。壁や家具もその色に合わせてみてはいかがでしょうか。その色が部屋になじむ場合は、その子のエリアの敷物やカーテンも同じ色にしましょう。

誤解しないでいただきたいのは、自立心を高めるために、必ずしも多くの空間を割り当てる必要はないということです。必要なのはただ、そこが「自分の」空間だと感じられることです。

活動する空間

二歳になったいま、活動する空間も変えたいものです。自我の高まりや筋肉の発達、社会性、創造的な表現力などを踏まえて調整するためです。

まずは壁から始めてはいかがでしょう。子どもサイズの鏡を置き、子どもが自分の姿を見て、さまざまな気持ちを顔で表現できるようにしましょう。小さな黒板、またはいろいろな形や文字の磁石がついている大きなマグネットボードを壁にかけましょう（磁石は誤飲による窒息防止のため、トイレットペーパーの芯を通らない大きさであることを確認しましょう）。

長さ一二〇センチ程度のひもの両端を壁に固定し、そのひもに洗濯ばさみで、絵やさまざまな形のフェルト布を付けましょう。指の小さな筋肉を動かす練習になります。ペットや家族、友達、自然、動物などの写真を集めて壁に飾りましょう。語彙を増やし、場所の感覚を養えます。

つまみのついた四〜五ピースのパズルを、子どもの棚に加えましょう。また大き目のブロックなど、さまざまなアイテムを入れたかごも加えましょう。子どもがどの教具をよく使うか観察し、使わない教具は外して新しい教具を加えましょう。

これまでよりさらに、キッチンで活動してほしい年齢です。キッチンカウンターに安全に立てるよう、踏み台を用意しましょう。食材の準備や、材料の確認も一緒にやり、混ぜたり塗ったり振ったり、味見したりしましょう。子どもの手の届く棚に、家族の次の食事に必要な数だけ、ランチョンマットとナプキンを置いておきます。そして食事前、テーブルに用意してもらいます。食事後、食器を片づけたら、テーブルを拭くのを手伝ってもらい、スポンジは流しに戻します。

浴室・トイレ

トイレトレーニングをまだ始めていない場合も、そろそろトイレを使い始める時期です

(トイレトレーニングについては118ページ『トイレトレーニングQ&A』参照)。最初の段階では、日中、ときどき確認するといいでしょう。「ちょっと待って。いま、トイレに行かなくて大丈夫?」

ウエストがゴムになっているズボンなど、トイレで脱ぎやすい服を着せましょう。必要なら、便座の前に踏み台を置きましょう。トイレットペーパーはロール状のものより箱入りのほうが使いやすいです。トイレを使った後は、水で流す習慣をつけさせましょう。レバーに手が届かない場合は、踏み台を使います。

この年齢では、お風呂の時間は子どもにとって、どのくらい一人でできるかをあなたに見せる機会でもあります。服を脱いでかごに入れ、浴槽に一人で出入りし(常に大人の見守りのもとで)、タオルで体を洗えるでしょう。お風呂用のおもちゃを、メッシュの袋に片づけることもできるでしょう。

ときには水着を着せ、子どもでも使える泡スプレーとスポンジを渡し、浴槽を洗うのも楽しいでしょう。お手伝いが好きな子どもにとって、一層楽しく手伝える方法です。

かんしゃくと「魔の二歳児」

二歳児の脳は、とてつもない速さで発達していきます。すでに何百もの単語や文を理解できますが、そのうち自分で使えるのは一〇分の一ほどです。たとえば、ひっきりなしに動き回って疲れたりお腹がすいたりしても、それをあなたに伝えられないことがあるかもしれません。また、自分にはできないような動きを他人がしていることにどんどん気づいていきますが、まだその動きを習得することはできていません。

そうした要素が組み合わさると、誰でもイライラするものです。二歳児にとってどれだけ苛立つことか、想像してみてください。結果として、子どもはかんしゃくを起こしたり、ジタバタしたり、物を叩いたり投げたり、泣いたり叫んだり、自分の頭を叩いたりすることもあるでしょう。それは、蓄積したエネルギーを素早く体から発散する方法です。かんしゃくを起こしている子どもをコントロールすることはできません。子どもが安全な、他人から離れた場所にいるよう確認しましょう。近くにいながらもノータッチでいましょう。子どもがいま経験している状態を自覚させましょう。「いやな気持ちなんだね。気分が良くなって、気持ちがおさまったら、わたしはここにいるからね」。

人前でかんしゃくを起こしたら、周りの人たちの視線は無視し、いまの状況によって湧き起こる自分の感情を消すよう努めましょう。

その混乱状態は永遠に続くように感じられるかもしれませんが、たいてい数分でおさまります。落ち着いてきたら、そう自覚させましょう。「もう気分が良くなったんだね。水でも飲む？」。しばらくしてから、その時のことを振り返りましょう。「ずっと叫んでなくちゃいけなかったとき、どんな気分だったの？　こわかったのかな？」

かんしゃくを起こさないようにするためには、いろいろな物事に対して、子どもがどれくらいまで我慢できるかを把握しておくことです。これまでにかんしゃくを起こしたときのことを振り返れば、引き金になる可能性のある物事を特定できるでしょう。ある活動から次の活動に移るときに、時間を空ける必要があったのでしょうか？　単純にお腹がすいたり疲れたりしていたのでしょうか？

覚えておいていただきたいのは、かんしゃくは発達における自然な状態だということです。子どもの認知面は、感情面や言語面よりもはるかに速いペースで発達していき、いつかはバランスがとれていくのです。

探索しよう！

二歳児は、視界に入る場所にはどこへでも行きたがります。目に入る物ができるだけ魅力的であるようにしましょう。

この段階では社会面でも探索をします。より多くの言葉を理解し、自分の欲求や考えをうまく表現できるようになってきたいま、いわゆる境界線についても理解し始め、周りの大人と交渉するようになってきます。

モンテッソーリは、三〜六歳の子どもが感覚を通して学ぶのを手助けする教具を開発しました。モンテッソーリがおもにかかわっていたのは三歳以上の子どもたちでしたが、研究を通し、発達の敏感期は生まれた瞬間から始まると気づきました。

現代のモンテッソーリ園のプログラムはこの考えに沿って、生まれてから三歳までの子どもを対象にした魅力的で安全な教具をデザインしています。子どもはこれらの教具から、年齢に適した触覚や味覚、嗅覚、聴覚への刺激を受けるのです。

あなたの子どもが、ぴったり合いそうなところに物を好んで置くようになったら、そうしたことをたくさんできる活動を取り入れるときです。モンテッソーリ教育の既存の活動でも、自分で考えたオリジナルの活動でも構いません。たとえば、空のコーヒーキャニスターのふたに二・五センチ程度の切れ込みを入れ、木製のへらやアイスキャンディーの棒を子どもに五本渡して、数を数えながら切れ込みから入れてもらいます。切れ込みをいくつか作って、へらや棒に数種類の色をつけ、切れ込みも同じように色分けすれば、色合わせをしながら入れられます。

これまで生活のなかで子どもに教えてきたことは、感覚的な体験が多かったでしょう。これからはより意識的に、経験に語彙をプラスしていきましょう。

モンテッソーリの言葉

子どもが活動に興味を持ち、自分で経験してみようと思うような、動機づけにあふれる環境でなければいけません。

――『子どもの心――吸収する心』

活動1 同じ匂いを当てよう！

解説 幼い子どもは、匂いにとても興味があります。この活動で、匂いにはさまざまな種類があり、同じ匂いを組み合わせられると気づくでしょう。語彙が増え、嗅覚が研ぎ澄まされます。

教具　ふたの部分に穴のあいた小さな不透明の容器（空のこしょうの瓶など）四つ、油性ペン二色、レモンの皮、すりつぶしたばかりのナツメグ、ランチョンマット、かご

手順

❶ 二つの容器にナツメグを、残り二つにレモンの皮を入れます。

❷ ナツメグを入れた二つの容器の底に同じ色の油性ペンで印をつけ、レモンの皮を入れた二つの容器の底には別の色の油性ペンで印をつけます。

❸ 四つの容器とランチョンマットをかごに入れます。

❹ かごに入っている物を使ってみようと、子どもを誘います。

❺ テーブルにランチョンマットを敷き、かごからランダムに容器を一つ選んで取り出し、あなたの鼻に近づけて匂いを嗅ぎます。なにをしているのかが子どもにわかりやすいように、少し大げさにやってみせましょう。残り三つの容器も同じように嗅ぎます。そして四つとも、かごに戻します。

❻ 容器を二つ選び、まず一つを嗅いだ後、もう一つを嗅ぎます。子どもにも同じように嗅いでもらってから尋ねます。「匂いは同じ？　違う？」

❼ もし子どもが「同じ」と答えたら、容器を二つとも逆さまにして、印の色が同じかどうか確かめます。

❽ もし子どもが「違う」と答えたら、容器を一つ、テーブルの隅にのけます。そして、かごから別の容器を一つ取り出して嗅いでもらい、隅にのけずに残っているほうの容器の匂いと同じかどうか尋ねます。二つが同じ匂いだと子どもが答えるまで、これを繰り返します。

発展 容器の中身を、毒性のない別の物に替えます。シナモンや乾燥オレガノでも試してみましょう。四つの容器を使った活動をマスターしたら、同じ匂いのする物を入れた容器をもう一組用意し、計六つの容器でやってみましょう。

活動2 自然を散策しよう！

解説 自然散策に連れていくと、子どもは嗅覚や視覚、聴覚、触覚を使って、家にはない物事を経験します。人工物やプラスチック製品のない自然界を目の当たりにし、吸収することと、わくわくすることがたくさんあります。天気の状態も感じられます。動植物を目にし、生息環境に親しみを持ちます。

教具 集めたものを入れるかご

手順

❶ 子どもを自然散策に連れ出します。五感を使った経験ができるよう促しましょう。「ちょっと立ち止まって。目をつぶって、耳をすませてごらん」「なにが聞こえる？」「なんの匂いがする？」「やわらかいシダに触ってみようか」

❷ 持ち帰るために、葉っぱや枝、石、まつぼっくりなどを集めてかごに入れます。「小さいまつぼっくりを五個見つけよう。次は大きいまつぼっくりを五個ね」「丸くて平べったい石を探そう」

❸ このお出かけを、後で思い出して話題にできるよう、写真を撮っておきましょう。

発展 子どもは水たまりや泥で遊ぶ五感を使った経験が大好きです。思う存分、経験させましょう。遊んだ後のために、ウェットティッシュや手指消毒液を持っていきましょう。

活動3 なにが見える？

解説 子どもは物をじっくりと見るのが好きです。虫眼鏡で細部を拡大して見るのは、より良い方法です。大きく見える様子にわくわくするでしょう。

教具　プラスチック製の虫眼鏡

手順
❶ 自然散策のときに、地面を歩くアリを指さします。「ほら、アリだ。小さくてよく見えないね。この特別な眼鏡を使ったら、大きく見えるよ。虫眼鏡っていうの。虫眼鏡でアリを見てみよう」
❷ 虫眼鏡を持って、アリを拡大して見る方法を提示します。
❸ 葉っぱやまつぼっくりなど、子どもの目に入るさまざまな物も見てみます。

発展　家庭でも、虫眼鏡で見ると面白い物を入れたかごを用意し、定期的に中身を替えます。貝殻、花、糸、茶殻など。

ひとりでさせて！

この一年の発達で最も顕著なのは、自立心です。語彙が増え、拒否の意志を言葉で表したり「ひとりでできる」と言ったりするでしょうが、それを問題視しないようにしましょう。「朝ごはんはトーストとマフィンのどっちがいい？」「おやつはバナナとリンゴのどっちがいい？」というふうに選択肢を見直すと、衝突は避けられます。

モンテッソーリ・メソッドにより、子どもは課題を自分で達成できるようになり、自信をつけ自己肯定感を高めます。髪をくしでといたり、服を着たりといったように、ひとりでできることが増えるほど、難しい活動や課題を達成できるまで粘り強く取り組む意欲が湧いてきます。

家事の一部を切り分ければ、子どもの日常生活の練習になります。たとえば食料品を家に運んだり、タオルをたたんだりするのを手伝ってもらうなど。繰り返しや正確性、完全性を要するこうした活動は、家の秩序を守っている感覚を子どもに与えます。次のセクションでは、手始めとして取り組んでいただけるアイデアをいくつか紹介します。

モンテッソーリの言葉

生まれたらすぐに教育を始めなければなりません。

——一九四六年　ロンドンでの講演にて

モンテッソーリはつねづね、子ども時代の経験が将来の人間性に与える影響について語っていました。人は突然、大人になるのではなく、子どもが経験してきたことの結果として大人になるのです。

活動1　スポンジを使おう!

解説　スポンジを使って、容器の水を別の容器に移します。手と目の協応動作の発達につながり、自己肯定感を高めます。左から右へ移すという概念がわかったら、次はお玉などを使って水を移すといいでしょう。日常生活の練習はどれも、小さな筋肉の発達を促し、達成感を与えます。また、左から右へ物を移す動きは、文字を書く前段階の練習にもなります。

教具　スポンジ、水、同じボウル二個、トレイ、小さな四角形の*ペーパータオル

*日本のモンテッソーリ園などでは、ペーパータオルではなく布タオルが使われています。

手順

❶ 片方のボウルに水を四分の三ほど入れます。そのボウルをトレイの、子どもから見て左側に載せ、空のボウルを右側に載せます。ボウルの手前中央にスポンジを、横にペーパータオルを置きます。

❷ 子どもの隣に座り、両手でスポンジを持ち、水の入ったボウルに入れます。次にスポ

ンジを持ち上げ、空のボウルの上で絞ります。

❸ 子どもを誘います。「やってみる？　両手を使ってね。濡れてる？　かわいてる？　左のボウルの水を全部、右のボウルに移そう。絞って」

❹ 左のボウルの水が全てなくなるまで続けます。空になったら「空になったね」と言います。

❺ 水の入ったボウルが左側に来るよう、トレイを回して、もう一度、同じことを繰り返します。こぼれた水はペーパータオルで拭き取ります。

❻ 使った教具を、またおこなう際に子どもが見つけられる場所に片づけます。

発展　水に食用色素を混ぜると、水が見えやすく作業しやすくなります。一日一回は水を入れ替え、清潔で子どもがやる気になる状態にしておきましょう。

活動2　くつ下を下げよう！

解説　小さな筋肉の発達につながる活動です。洗濯ばさみの硬さには違いがありますので、子どもにとって扱いやすいかどうか試してから使いましょう。もし子どもが室外の物干しを見慣れている場合は、この活動で使う物干しは専用のものだと説明しましょう。

教具 ひも（約一二〇センチ）、固定する鋲、洗濯ばさみ一〇個、同じ形状のかご二つ、赤ちゃん用や子ども用のくつ下一〇足

手順

❶ 子どもの遊ぶエリアに場所を見つけ、ひもの両端を鋲で留めて物干しロープにします。子どもの手が届きやすいか確認しましょう。

❷ かごの一つに洗濯ばさみを、もう一つにくつ下を入れ、両方のかごを物干しロープの近くに置きます。

❸ 子どもを活動に誘います。

❹ 洗濯ばさみがどのように機能するか、子どもに見せます。かごから洗濯ばさみを一つ取り、つまんでみせます。「ほら、こっちをつまむと反対側が開くよ」。何度か繰り返します。

❺ 子どもに、洗濯ばさみで物干しロープをはさんでもらいます。作業を習得するまで、一〇個全部で繰り返します。

❻ 洗濯ばさみで、物干しロープにくつ下を下げる提示をします。子どもにも練習してみるよう誘います。

⑦終わったら、くつ下と洗濯ばさみをそれぞれのかごに戻します。

発展 物干しロープをはさむのが難しい場合は、ボウルのふちを物干しがわりにしてはさみます。成功する感覚を味わってもらうため、活動が容易になるよう気を配りましょう。フェルトを文字や数などさまざまな形に切って、物干しに下げてもいいでしょう。

活動3 注ごう！

解説 小さな筋肉が発達し、集中力が高まるだけでなく、自尊心と達成感を得られます。この活動を通して上達するスキルは、自分（または家族）のシリアルとミルクを器に注ぐなど食事の準備や、ペットのえさやりをする際の動作に役立ちます。

教具 子どもサイズのピッチャー（高さ六〜七センチ、直径五センチくらい）同じものを二つ、トレイ、小さいほうき、砂

手順

①片方のピッチャーに半分まで砂を入れます。
・子どもの前にトレイを置きます。
・砂の入ったピッチャーをトレイの左側に、空のピッチャーを右側に載せます。

・子どもを活動に誘います。

・子どもがふだん、物を注ぐ方向が左から右かどうか確認します。逆の場合は、二つのピッチャーの左右を入れ替えます。

❷ 砂の入ったピッチャーを、片手は把手、片手は底に当てて持ち上げてみせます。

❸ 砂を空のピッチャーに注ぎ、全て注ぎ終えたらピッチャーを置いてみせます。

❹ 子どもに、同じようにやってみるよう促します。

❺ 砂を空のピッチャーに注ぎ終えたら、次は空になったピッチャーにまた注いで戻す作業を繰り返します。

❻ 終わったら、次にまたこの活動をするときのために、教具の置き場所を示します。

発展 乾いた素材を上手に注げるようになったら、次は水でやってみましょう。ピッチャーに半分まで水を入れ、こぼしたら子どもが自分で拭けるようにスポンジも用意します。見やすいように青の食用色素を使ってもいいでしょう。

活動4 髪を整えよう！

解説 どの年齢においても、自己管理ができるようになることは大切です。これまで服の着方や歯の磨き方、食べ方を学んできました。これからは髪の整え方も学びましょう。それにより、身だしなみを整える感覚が身につき、自分でできるという自信がつき、自尊心や自立心が高まります。

教具 鏡を子どもの目線に合わせて机の上か壁に設置し、くしやブラシを近くのかごに置く

手順

❶ 子どもに鏡とくし／ブラシを見せます。「鏡に映っているね。どこが髪かな？ くし／ブラシでとかしたらどうなるか、見てみよう」

❷ くし／ブラシの持ち方や、髪をとかす様子を提示します。

❸ とかすと髪の状態が変わることを伝えます。「ほら、見て。髪がまっすぐになるね」

❹ くし／ブラシをかごに戻します。

発展 リップクリームや日焼け止めなどを塗る場合にも、同じ方法が使えます。

活動5 野菜を洗おう！

解説 家の環境を整えることで、子どもは家族に貢献している感覚を得られます。グループにとって役立つことをひとりでする方法を学んでいきます。この活動では、土のついた食材

が、食べられるきれいな野菜に変わることに感動するでしょう。栄養のある健康的な食生活への土台となります。

教具 家庭菜園や市場・食料品店で入手したニンジンなど子どもが持ちやすい小さな野菜をいくつか、野菜の大きさに合ったボウル、トレイ、水、野菜用ブラシ

手順

❶ ボウルに水を入れます。

❷ トレイに野菜と野菜用ブラシ、水の入ったボウルを載せます。

❸ 子どもにトレイを見せ、野菜について話します。たとえば「このニンジンは農場の土のなかから取ってきたんだよ。夜ごはんに食べられるように、きれいにしなくちゃね」。

❹ ブラシを水につけ、片手に野菜を、片手にブラシを持ちます。野菜をブラシできれいにする提示をします。

❺ 終わったらブラシを置き、きれいになった野菜を見て子どもがどのような反応をするか、様子を見ます。

❻ 子どもに同じようにやってもらいましょう。利き手が明確でない場合は、どちらの手

⑦ でブラシを持つか、子どもが決めます。終わったら、きれいになった野菜をキッチンのどこに置くか示し、夕食の準備をしてくれたお礼を言います。

発展 夕食前にさまざまな野菜を洗ってもらうといいでしょう。野菜をもっとたくさん食べようという気持ちにつながります。

活動6 ペットの世話をしよう!

解説 この年齢における、自分でやりたい気持ちを生かし、家族の一員であるペットの世話をしてもらいましょう。ペットのえさやりをひとりで上手にできると、自立心や、役に立っている実感、自信を持ちます。同時に、動物に親しむ心も育ちます。

教具 イヌのえさ用のボウル、えさをすくう杓子、水の入ったピッチャー、スポンジ、卓上ほうき、使用後の容器を入れるかご

手順

① お腹がすくことや食べることについて話し、イヌも同じようにお腹がすいて食べるということを話題にします。

❷ イヌのえさがある場所や、一食分をすくって皿に出す方法を提示します。用具は子どもの手が届く低い棚に置いておくようにしましょう。

❸ イヌ用の水の入ったピッチャーがある場所や、イヌ用のボウルへの注ぎ方を提示し、注いだ後のピッチャーを入れるかごに置きます。

❹ 水がこぼれたら子どもに拭いてもらい、その後、元の場所に戻してもらいましょう。

❺ こぼれたえさを集めて、ゴミ箱に入れてもらいましょう。

発展 ネコやウサギなど、家庭で飼っている他の動物でも同じ手順でおこないます。しばらくすると、鳥かごや水槽の掃除の手伝いもできるようになるでしょう。ペットがいない場合は、植物の水やりや霧吹きをしましょう。

体を動かそう！

どんどん成長する子どもは、大小の筋肉と手足の協調を懸命に習得している最中です。恐れず挑戦させましょう。自立への探求心は、困難な状況に向き合う原動力にもなります。

特に、庭のような自由に利用できる安全な屋外の空間があれば、この年齢の子どもがいつでも思い切り動き回れるでしょう。切り株があれば、上ったり飛び降りたり、飛び越えたりできます。低い木があれば、枝にぶら下がったり、枝から枝へと移ったりできます。ぬかるみは、よけて歩いたりバランスをとったりする練習になります。

よじのぼったり、滑ったり、飛び跳ねたりするのは、多くの家庭ではできませんから、幼児向けの体操プログラムや水泳教室など、外部の活動に参加するのもいいでしょう。

小さな筋肉を動かすのも忘れないでください。スプーン、フォーク、クレヨン、はさみ、ボタン、ファスナーなどの扱い方を覚える手助けもしましょう。粘土や大きいブロック、つまみのついたパズル、手足の指を使ったお絵描き、幼児用クレヨンも引き続き使いましょう。またトウモロコシの皮をはいだり、箸を使ったり、生地をこねるのを手伝ってもらったりといった、指を使った動きをともなう日常生活の練習にも取り組みましょう。キーボードなどの楽器にも触れましょう。口の筋肉を発達させるため、詩を音読したり、歌を歌ったり、早口言葉を練習したりしましょう。

モンテッソーリの言葉

子どもは活動を通して自立へ至り、個人の自由を手に入れなければなりません。……やらない子は、やり方を知らないのです。

――『モンテッソーリ・メソッド』

活動1 冒険しよう！

解説 新しいクリエイティブな方法で筋肉を動かしながら、自立に必要な筋肉運動の協調性と自信を身につけるとても楽しい活動です。子どもがどの動きを楽しんでいるか、どの動きでもっと練習が必要か、観察しましょう。

教具 イスを数脚、ベッドシーツか毛布を数枚（混ぜてもよい）、大きな枕かクッション数個（混ぜてもよい）、三角コーンまたはテープ、プレイトンネル（なくても可）

手順

1. 子どもに、今日は冒険の日で、いつもと違った新しい方法で体を動かしましょうと伝えます。
2. イス、ベッドシーツ、毛布、枕、プレイトンネル（なくても可）を使って、活動エリアに障害物コースを作ります。スタートとゴール地点には、三角コーンを置いたりテープを貼ったりします。

❸ さまざまな動きを取り入れましょう。まずはトンネルのなかをはって進んでもらいます。順路がわかりやすいよう、床にテープで線を貼りましょう。クッションで坂を作り、毛布の山の上に転がり落ちるようにします。

❹ 子どもがゴールまでたどり着き、二、三回繰り返したら、次はトラやイヌ、カエル、鳥などの動きでやってみてとお願いします。

❺ 子どもが疲れるまで繰り返し、その後、「できたね」と認めましょう。

発展 自然のさまざまな要素を取り入れた、屋外での障害物コースも作ってみましょう。

活動2 音楽に合わせて動こう！

解説 音楽に合わせて動いたり、踊ったりすると、筋肉だけでなく聴覚も刺激されます。音楽に合わせて動き始めたり止まったり、創造的に音を解釈したりすると聴覚が洗練されます。また、体の動きをよりコントロールできるようになります。この活動は、疲れていそうなときやお昼寝前は避け、取り組むエネルギーが十分あるときにおこないましょう。

教具　音楽プレイヤー

手順

1. あなたが選んだ音楽を流し、子どもに体の特定の部分を動かすよう促します。「指でダンスしよう」「足でダンスしよう」「音楽に合わせて体全体を動かそう」。どの提案も、あなた自身がやってみせましょう。
2. テンポのゆっくりした曲や、速い曲を流して、それに合わせて体を動かすよう促します。「この音楽はゆっくりかな？　速いかな？」「音楽に合わせて、足をゆっくり動かせる？」
3. 音の大きな曲や静かな曲を流して、子どもが音量に合わせて動きを変える様子を観察します。「静かな音に合わせて、目を静かに動かそう」「大きな音に合わせて腕を動かしてみて」
4. さまざまな動きを考え、音楽に合わせて動くように伝えます。

発展　音楽をときどき止めて、止まったら動きを止めるように、また音楽が始まったら体を動かすように伝えます。それにより、動きだけに夢中になるのではなく、音楽に耳をすませるようになります。

活動3 開けてみよう！

解説 子どもは物を開けるのが好きですが、開けるには小さな筋肉を発達させる必要があります。この活動では、かごのなかに容器を用意しておき、それを開けられるようになったら、難易度を上げていきます。ボタンやバックル、将来身に着けるネクタイを扱うのに必要な、小さな筋肉とスキルの発達につながります。

教具 かご、無地のマット、子どもが開け閉めできる容器五つ（ファスナー付きの小銭入れ、留め金付きの財布、ふたをまわして開ける容器、マジックテープ付きのメガネケース、開け閉めできる空のウェットティッシュ入れなど）

手順

1. 棚からかごを取ってきて、子どもに伝えます。「見せたいものがあるんだ」
2. 床にマットを敷き、かごのなかから容器を一つ取り出し、じっと見つめ、それから開けます。開いたところを子どもに見せて「開けた」と言い、目の前のマットの上に置きます。
3. 他の四つの容器も同じように一つ一つ取り出して開け、そのたびに「開けた」と言います。

❹ 五つの容器を全て開けたら、今度は一つ一つ手に取って閉め、そのたびに「閉めた」と言います。

❺ 子どもにも同じように開け閉めするよう促します。うまく開け閉めできないときは、やってみせ、手伝い、サポートしましょう。

❻ 終わったら、棚のどこに教具をしまうか示します。

発展 子どもを観察し、開け閉めを習得して興味を示さなくなったと判断したときは、別の容器に替えましょう。徐々に、開け閉めの難しい容器に替えていきます。

自分を表現しよう！

自立心が高まってきた子どもは、自分を理解してもらうために言語を操り始め、より広い世界への足掛かりを手に入れていきます。

この年齢の子どもの語彙は、週に数百語のペースで増えていきます。さらに、物語の内容を把握する能力も高まるため、引き続きシンプルな読み物を本棚に置いておきましょう（図書館で借りるのもいいでしょう）。モンテッソーリは、知識を得る期間に感覚を刺激されればされるほど、理解力は増すと考えました。ですから、たとえば読み聞かせの時間には、指遊びなど動きを取り入れてみましょう。

言語の発達に主な役割を果たすのは、記憶力です。記憶力を高めるゲームを引き続き実践しましょう。たとえば写真に写っていた人や、読み聞かせした本に出てきた動物の名前を伝えた後、もう一度思い出させるのもいいでしょう。

自分の考えを表現する能力が高まっていく最中ですから、子どもに質問をしたり、子どもが発言した内容を尊重したりすると、自信がつき、自己肯定感や自立心を高められます。さらに、子どもは質問されると目が輝き、創造力が増し、想像力がかき立てられます。想像力は、潜在能力を最大限に発揮するために大切です。

この年齢の子どもはクレヨンや絵の具、粘土、楽器を使えるようになっていきます。「描いた」ものを見せられたら、「赤い線を描いたんだね」といった客観的なコメントをすることが大切です。描いたものをとても気に入ったという主観的な伝え方をすれば、子どもはあなたを喜ばせる目的で描くようになります。できあがった作品ではなく、描いた努力を誉めるようにしましょう。

モンテッソーリの言葉

子どもの世界において、大人が担う役割は、子どもの好奇心を刺激する魅力的な環境を用意することです。それはアートでも同じです。モンテッソーリは『子どもの心——吸収する心』のなかでこう記しました。「教師の仕事は言葉で伝えることではなく、子どものために準備した環境のなかで、文化的活動への一連の動機づけを用意し整えることです」

活動1 指遊びをしよう！

解説 指遊びは素晴らしい活動です。子どもはコミュニケーションや繰り返し、秩序、活動が大好きで、そうした特性に合っています。この活動により、語彙が増えて記憶力が高まるでしょう。成長に合わせて、話すこと、読むこと、数や理科といった能力を高めるのに、記憶力はとても重要です。

教具 指遊びを思いつかない場合、リストを手に入れるといいでしょう。近くの図書館やインターネットで、指遊びの本はたくさん見つかります。

手順

❶ 子どもと向かい合って座ります。

❷ 子どもが注目したら、指遊びを始めます。

❸ 次のように言葉に出して、実際にやってみせます。

・「開いて」 両手のてのひらを子どもに向けて開きます。
・「閉じて」 両手を閉じてこぶしを作ります。
・「開いて、閉じて」 両手を開いてから、閉じてこぶしを作ります。
・「小さく拍手」 二回拍手します。
・「開いて、閉じて」 両手を開いてから、閉じてこぶしを作ります。
・「ひざに乗せて」 手をひざに乗せます。
・「ちょこちょこ、ハイハイ、あごまでトコトコ」 言葉に合わせて両手の指を動かし、あごまで移動させます。
・「口を大きく開けて」 ゆっくりと口を開けます。
・「でも手は入れちゃだめ」 両手をさっと背中に隠します。

❹ 子どもが言葉と動きを覚え、熱中するまで、数日、繰り返してみます。

発展

「五つのかぼちゃ」「静かな湖畔」「バスのうた」など、さまざまな指遊びがあります。

活動2　詩を朗読しよう！

解説　詩は創造力や想像力、音楽、記憶、メッセージなどを言語化したものです。詩を朗読すると、口から言葉がどんどん出てくる楽しさを味わえます。暗唱すると自信がつきます。昔ながらの子ども向けの詩に加え、家庭で文化的に伝承されてきた詩はたくさんあります。自分で詩を作ったり、詩の時間を設けたりすれば、子どもの韻やリズムの感覚の発達を観察できるでしょう。

教具　詩集

手順

1. 一日のうちの落ち着いた静かな時間に、子どもと向かい合って座ります。
2. リズムや韻のある、短いシンプルな詩を朗読します。あなたが暗唱できる、好きな詩を選びましょう。子どもは、朗読するあなたの感情を受け取ります。
3. 詩に合わせて体を動かしたり、ジェスチャーしてみせたりしてもいいでしょう。子どもが詩を覚えやすくなります。
4. 子どもが詩を覚えるまで繰り返します。

発展　昔ながらの子ども向けの詩も朗読しましょう。インターネットや図書館の児童書コーナー、書店でたくさん見つかります。

活動3　本を作ろう！

解説　いまでは子どもも本に親しみを持っていることでしょう。あと二、三年経つと、自分で読めるようになっていきます。三歳の誕生日が近づいてきたころは、本を書くという概念を伝えるのにいい時期です。書くのも表現の一つです。子どもは誰でも、自分の本を楽しんで書きます。

教具　縦一五センチ×横一〇センチくらいの白い紙五枚、白い紙と同じサイズの厚紙か画用紙二枚、ホッチキスなど紙を綴じる道具、クレヨンかマーカー

手順

1. これから本を作ろうと話します。「色の本を作るよ。どの色のクレヨンを使う？」
2. クレヨンを三〜五色、選んでもらいます。「ありがとう。黄色と青、だいだい、赤を選んだね。なにを描きたい？」
3. 子どもに白い紙を一枚渡し、クレヨンを一色選んで、描きたいものを描くように伝え

ます。子どもが描き終えたら、その紙は脇に寄せ、別の白い紙を一枚取ります。

❹ 子どもに尋ねます。「この紙にはどの色で描く？　なにを描きたいかな？」

❺ 全ての色のクレヨンを使うまで、これを繰り返します。

❻ 厚紙か画用紙を表紙と裏表紙にして、なかに描いた紙を全てはさんで綴じます。表紙には子どもの名前を書きます。

❼ 子どもに尋ねます。「本の題名は何にする？」

❽ 子どもが答えた題名を、表紙に書きます。

❾ できあがった本を一緒に読み、他の本とともに棚にしまいます。

発展　作れる本の種類は無限にあります。たとえば人や動物、旅行の写真を綴じたり、形や花を描いた紙を綴じたりできます。大切なのは、この形式で自分を表現でき、できあがった本は大切に扱われる価値あるものだと気づかせることです。

活動4　質問しよう！

解説　子どもの思考力を育むため、子どもをわくわくさせる質問をしてみましょう。

教具　なし

手順

❶ 子どもがなにを見て、なにを考えているかをよく観察し、質問します。「そのハチはどうして、花から花へ飛び回っているのかな？」

❷ 「どうして」という質問をします。「牛乳を入れてしばらくすると、シリアルがしめってくるのは、どうしてかな？」

❸ 三段階のレッスン（68ページ参照）の三番目の手順を、子どもが知っている名詞についておこないます。「このシャツは何色かな？」「これはどんな形かな？」

❹ 記憶をたどる質問をします。最近でもしばらく前でも、経験したことについて、たとえば夜にこんな質問をします。「今日のお昼ごはんはなんだった？」

❺ 「だれ」についての質問をします。たとえば子どもが、人の写っている写真を見ていたら、「これはだれ？」

❻ 「どこ」についての質問をします。たとえば「このおもちゃはどこに片づける？」「牛乳をおかわりするには、どこに取りに行けばいい？」

❼ 「どうやって／どんな」についての質問をします。たとえば「ネコはどうやってテーブルにのぼったのかな？」

❽ まだ、「いつ」についての質問はしません。発達段階がもっと進んでからにします。

❾ 質問するのは一日二、三回にとどめましょう。質問しすぎないようにします。

発展 家族の他のメンバーにも同じように質問しましょう。大人同士の関係が良好になり、子どもの環境にも良い影響をもたらします。

次へ進む前に……

この一年、よちよち歩きのお子さんがしっかりと歩き、自立した一人の人間として言葉を発するようになる過程を見てきました。次の年に進む前に、いくつか考慮しておきたいポイントがあります。

● 子どもは引き続き自立心を持って（この面の敏感期です）、よりさまざまなことを自分でやってみようとするでしょう。器用になり、あなたが準備した活動や環境の影響もあり、さまざまなことをしたがるようになり、できることも増えます。

● この一年で言葉を話し始め（この面でも敏感期です）、社会面が大きく成長したことでしょう。次の一年ではより語彙が増え、より意識して社会的な交流をするようになります。三歳の誕生日が近づくにつれ、それまでの平行遊びから、他の子どもとの交流をともなう遊びへと移行していきます。他の子どもを意識し交流することで、共感能力が増していきます。

●感覚面の発達は重要で、この面でも引き続き敏感期です。五感を洗練させる活動を取り入れることがやはり大切です。見聞きする物事について、違いや類似点を認識できるようになります。これは、読書を始めるうえでの一助になります。

●積み木をそのまま積み木として見て遊んでいたのが、積み木で他のなにかを作り上げていくようになります。創造性が花開くのは、自分の考えを表現する自信を持つ土台を、あなたが用意してきた成果です。

●器用に動くようになり、次の発達段階でトイレトレーニングは終了するでしょう。

第6章 未来へ向けて ～3歳から6歳～

二歳までの成長は、あっという間でした。いま、お子さんは魔法に満ちたような幼年期を迎え、無限のエネルギーでこの時を丸ごと見つめ、吸収し、表現しようとしています。社会面も発達し、自立心が高まりますが、それでもなお、お子さんにとって世界の中心であるあなたの元を離れません。いつの日か大人になるまでの途上にあるのです。

成長に合わせて

マリア・モンテッソーリは「子どもの家」をデザインし、そこに通う年齢の子どものための教具を考えました。一般的に、三～六歳の子どもは他の子どもに興味を示すようになります。この段階で、自己と他者の区別がはっきりしてくるとともに、コミュニケーション能力が増し、互いに交流し始めます。幼稚園・保育園では、家庭ではなかなか扱えない豊かな教具に触れられるとともに、同年齢の子どもとかかわる機会も得られます。

これからさらに、お子さんが自立を試みている姿に気づくことでしょう。それに合わせておうちの準備も進めます。子どもの目覚ましい変化の一つは、物を他のなにかに見立てる能力です。積み木を車やロケット船に見立てられるようになれば、想像力は無限になります。想像力が発達すると、物をシンボルとして捉えられるようになります。文字は読み書きできるよう音を表したもので、数字は足し引きできる量を示すものと認識できるようになります。

この三年間は、三〜六歳の子どもを縦割り保育にします。その理由は、これまでとは異なる社会性の段階に入るからで、次第に自己中心的でなくなり、同じ環境にいる他の子どもたちとかかわっていきます。この章では、モンテッソーリ教育ではないものも含め、就学に備えた活動をいくつかご紹介します。また、三〜六歳の目覚ましい発達について詳しく示します。

入園に向けた準備（家庭でできること）

三歳は大きな変化が起こる年齢です。幼稚園に入り、乳幼児期のプログラムから、三〜五歳児が通う幼稚園のプログラムへと移行するからです。子どもはこれまで、家庭であなたとともに（または保育施設で）自立性を育んできました。自己中心的な性質は弱まり、他の子ども、特に少し年上の子どもに興味を持つようになってきました。

モンテッソーリ教育では三歳の年齢幅のある子どもが同じ教室にいます。これは、現実社会を反映しています。年下の子どもは年上の子どもから学ぶのを好み、年上の子どもは年下の子どもとの関係を持つことで知識が根付き、自信をつけ自己肯定感を高めます。三歳の年齢幅を設けるのは、数や言語、読書などで同じレベルの能力を持つ子どもたちが、年齢と関係なく一緒に活動できるようにするためです。

お子さんを幼稚園に通わせるにあたって一番重要なのは、あなた自身がお子さんと離れる準備をすることです。他の大人に子どもを託すことに前向きになりましょう。新しい章に踏み込むとき、あなたがわくわくしていれば、子どももわくわくしてきます。あなたがためらえば、子どもは敏感に察知します。

もしお子さんがなかなか親離れできなければ、初めは短時間で試してみましょう。多くの園では親子が負担なく離れていけるように、慣らし保育の期間を設けています。初めは一時間だけで、次は二時間というふうに、徐々に時間を増やしていきましょう。

登園初日が近づいてきたら、月別カレンダーを壁にかけ、お子さんが心の準備をできるようにしましょう。初日と登園日には印をつけます。

クラスメイトになる予定の子どもたちと遊ぶ日を設けましょう

登園したときに顔なじみの子どもがいたり、新しい「友達」に歓迎されていると感じると、園での生活が心地よく始められます。

徒歩か車で行ってみましょう

親子ともに慣れるよう、登園初日と同じ道順で行きましょう。

子どものリュックサックに家族写真を入れましょう

新しい環境のなかでも、あなたの写真を目にすれば心が安らぐでしょう。

毛布など安心感を得られる物を持たせましょう

持っていると安心感を得られる毛布などがある場合は、小さく切って縁縫いし、ポケットに入れられるようにしましょう。毛布をそのまま持参するのが許可されない場合でも、ポケットに手を入れて触れると、安心感を得られます。

登園初日を祝う特別な活動を計画しましょう

初日には、いつもと違う特別な活動をしましょう。たとえばアイスクリームを食べに出かけたり、ふだんは行かない公園へ行ったりします。

新しいリュックサックがかけてある場所を教えましょう

園で使うものの置き場所も教えましょう。

持っていくおやつやお弁当はなにがいいか尋ねましょう

たとえばナプキンにハートやスマイルを描いておくなど、お弁当になにか特別な工夫をしましょう。登園初日には、子どもに準備を手伝ってもらいましょう。

その幼稚園の帽子やTシャツを購入しましょう

親子で身に着けて街を出歩けば、幼稚園に通う誇りとアイデンティティーが生まれます。

「モンテッソーリ園に通わせるべき？」

モンテッソーリ園はどんな年齢、バックグラウンド、能力の子どもも歓迎します。マリア・モンテッソーリは多様性を受け入れ、世界の人々に対する興味を深めるため、地理など社会科のカリキュラムを取り入れています。

モンテッソーリ園は教具が豊富で、日常生活につながるエリアや、感覚教育、数、言語、文字を書く、地理、社会科、アートなど、さまざまなエリアを設けています。このような活動ができるようプログラムを組むと同時に、ひとりひとりの社会面のスキルに焦点を当てています。

「モンテッソーリ」とは資格の名称でも商標でもないため、モンテッソーリ園を探す際は、*プログラム認定を受けたスクールかどうか確認しましょう。どの園も「モンテッソーリ教育に基づいた」と称することはできますが、認定を受けている園では教師が訓練を受け、プロとして能力を向上し続けています。

アメリカのモンテッソーリ園にはさまざまな種類があります。**授業料無料の特別認可施設もあれば、同じく無料の公立もあります。宗教団体が運営する非営利の施設もあれば、保護者会が非営利で運営する場合もあります。そのような施設では学費援助をおこなう場合も多くあります。民間では、一つの部屋や複数の幼稚園のネットワークで構成されている施設もあります。また、家庭で運営される場合もあります。認定を受けたモンテッソーリ教師が複数の子どもに対して自宅でプログラムを実践しているケースもあります。一般的にモンテッソーリ教育のプログラムでは、地域の規則に基づいて、三歳または一歳半を境に、それより年齢が上か下かで子どもをグループ分けします。

幼稚園を選ぶうえで、利便性も考慮する必要があります。あなたが通勤途中で送迎する場合、立地はどうでしょう？　放課後に友達と約束して遊ぶ場合、行き来しやすいでしょうか？　費用面も考慮する必要があります。学費がかかる場合、家計から見て、どのくらいの予算を充てられるか現実的に考えましょう。

どの幼稚園を選んでも、あなたが心地よくお子さんを送り出せて、お子さんも心地よく通えそうでなければなりません。アメリカのモンテッソーリ幼稚園を卒業した子どもは、その後、進歩的な小学校でも従来型の小学校でも、とてもうまくやっていきます。モンテッソーリ教育を受けた子どもは、学びを愛する心や自立心、集中力を育み、自己肯定感が高まっているため、どこでもうまくやっていけるのです。

＊日本ではプログラム認定という制度はないため、モンテッソーリ園を探す際には、モンテッソーリ教師の資格の有無や環境、モンテッソーリの基本的理念に従っているかなどを自分で確かめましょう。

＊＊日本ではまだ公立や無料の施設はありません。大小さまざまな幼稚園や保育園、子どもの家、教室などがあります。

モンテッソーリ園への入園を考えている場合

アメリカの多くのモンテッソーリ園ではオリエンテーションをおこなっていて、スタッフや教師と会えます。多くの場合、子どもの家庭での様子や、どの言語で話しているか、入園後の子どもになにを期待するか、モンテッソーリ教育を選択した理由を尋ねられます。また入園にあたり、家庭ですべきこととすべきでないことのアドバイスを受けることもあります。

モンテッソーリ園への入園を考えるなら、ピンクタワーや茶色い階段、赤と青の算数棒といった典型的なモンテッソーリ教具は、園が子どもに紹介するまで使用するのは待ちましょう。先に家庭で使用すると、家庭と園での使用方法の違いに、子どもが混乱するかもしれません。園の教師は、どの教具をいつから扱えば子どもが最も興味を持つか判断します。

子どもが園に慣れるには時間がかかることも念頭に置いておきましょう。初めのうちは、子どもが社会的にも感情的にも適応できているか、スタッフが見守ります。教師は子どもの主体性に任せるため、子どもが考えたり学んだりする領域に飛び込むまでにかかる時間を、あなたは期待を封じ込めて辛抱強く待つことになるかもしれません。教師は、子どもが潜在能力を発揮するための最善の方法を判断するために、家族や他の専門家とともに、パートナーとして取り組んでいきます。

モンテッソーリ園への入園を考えていない場合

モンテッソーリ園に入園させない場合でも、家庭や自由時間にモンテッソーリ教育をガイドとして用いることができます。

三歳以降は社会性の敏感期で（28ページ『敏感期とは』参照）、次第に自己中心的でなくなり、他者との交流に意欲的になります。幼稚園への入園をあと一年待つ場合でも、他の子どもと遊ぶ日を設けるのは良い方法です。同年代の子どもとの交流は、共感力や問題解決能力、リーダーシップのスキルを発達させます。

家庭では、日常生活につながる活動のレベルを上げて、引き続き自立を促せます。車を洗ったり、洗濯物をたたんだり、ペットにえさをやったり、鉢植えや庭の植物に水をやったりさせましょう。その活動が安全で、子どもが楽しんで取り組めるなら、どんな家事でもやり方を教えましょう。

キンダーガーテン（おおむね五歳児が通う教育施設）に入園させる場合、準備として、園長や教員に教育理念を尋ね、あなたが子どもに教えていることと連携できるか確かめましょう。園が文字や数字を学ばせる方針なら、家庭では料理や陶芸、星空観察に時間を使ってもいいでしょう。枠にとらわれずに考えましょう。美術館や動物園、ハイキングへ連れていき、世界中の料理や文化に触れさせましょう。引き続き子どもの思考力を刺激する質問をし、制限のある自由を与えましょう。

これまで慣れ親しんだ自由な動きが制限されるような、従来型のプログラムを提供する幼稚園に入園させる場合、幼稚園ではルールが異なると子どもに説明しましょう。引き続き、家では自制心と自信を維持できるようにしましょう。子どもの多くはタンポポのように、どこで芽が出て成長するかわかりません。なかにはランのように、園で特別な環境を必要とする子もいます。子どもを観察したり、専門家からのフィードバックを得たりすれば、違いを見分けられるでしょう。

子どもの発達

これまで、子どもは周りの世界についての膨大な情報を無意識に吸収してきました。言葉を話し、体をうまく動かし、あなたの活動をまねするようになりました。あなたの文化やそれ以上のものを体現するようになってきました。複雑な社会での交流や体の動きを無意識に吸収し続けながら、さらなる経験や情報を求めるようになるでしょう。それが、無意識の吸収精神と意識的な吸収精神の基本的な違いです。この移行により、モンテッソーリが定義した発達の第一段階の後半に入ります。第二段階は六〜一二歳で、精神的に自立し、しっかりとした道徳的秩序や公正感、正義感を育む敏感期です。

第一段階の後半の三年間で、子どもは社会的な動物となり、語彙が増え、文法を理解してより明確な発言をするようになります。複雑な手順の指示にも従えるようになります。ごっこ遊びをし、空想と現実の区別がつくようになります。物語を話し、詩を暗唱し、歌を覚えて歌い、時間を理解するようになります。「前」と「後」や、出来事の時系列、時間の概念を理解し、イベントを楽しみに待つようになります。愛情や共感を示し、他人と順番でなにかをすることを学び、親と離れることへの抵抗も弱まっていきます。物事をひとりでおこないたいという願望が、能力を身につけるための後押しとなります。

とはいえモンテッソーリは、進歩は常に前進がもたらすとは限らないとも気づいていました。子どもは一進一退で学んでいきます。二歩進んで一歩下がることも多いものです。たとえばトイレトレーニングが終了したと思っても、数週間すると何度もおもらしし、またおむつに逆戻りして、トレーニングに再挑戦しなければならないこともあります。

以下に発達の主要な領域を、モンテッソーリ教育学に沿っていくつかピックアップします。いろいろありますが、六歳の誕生日を迎えるころには、大人に頼り切っていた乳児から自立した子どもへと変貌を遂げているでしょう。

感覚の目覚め

乳児期から三歳までの間に、子どもは感覚を通して無意識に情報を吸収します。三〜六歳の間は感覚を洗練させていきます。そして見聞きするものや味わったもの、触れたもの、嗅いだものを表現する能力を発達させるため、活発に意識的に情報を取り込もうとします。

モンテッソーリは、子どもが五感それぞれをはっきり認識できるよう、感覚ごとに分ける方法を示しました。モンテッソーリがデザインした感覚を刺激する教具はどれも、色、重さ、手触り、サイズ、音、味、形、匂いといった一つの性質だけを孤立化しています。その一例がピンクタワーです。一〇個のピンクの立方体からなり、一つめの立方体の一辺は一センチ、二つめは二センチ、と一センチずつ大きくなっています。大きい順に積み上げたり横に並べたりして、サイズが次第に小さくなるのを目で感じ、立方体が少しずつ軽くなるのを感じ、並び順がおかしいときは並び替えます。立方体の素材、手触り、形、色は同じで、異なるのは大きさだけです。

モンテッソーリ園の教室には、このような教具がたくさんあります。しかし、園以外でも同じことを実践できます。おうちを歩き回り、一つの部屋で立ち止まって、しばらく目を閉じます。そして、どんな匂いがするか尋ねましょう。「寝室はお風呂や地下室の匂いとはどう違う？」。近所を歩き、パン屋さんやピザ店、焼き肉店など、さまざまな飲食店の匂いに気づけるようにしましょう。五感を刺激する物事に気づかせ、それがなにかを定義づけるのに必要な語彙を伝えましょう。

特に、自然のなかで過ごす時間は引き続き設けましょう。あなたが自然豊かだと思う、近隣の場所で構いません。さまざまな手触りのものがあり、目にするものや聞こえるものがなにかを伝えることができるでしょう。おうちにスペースがあれば、ハーブを育てたり、菜園を作ったりしましょう。子どもは食べ物の準備をしたり、それがどこで収穫されたのかを知ったりするのが好きです。食材を混ぜたり加熱したりすると、科学への探求心が生まれます。国内や世界の、自分たちの居住地とは違う地域の料理にも手を広げ、一緒に料理する機会を持ち続けましょう。

子どもは情報を取り込む方法が多いほど、学び、記憶し、情報を組み合わせて、アイデアを生み出しやすくなります。実際に形や文字に触れたり、どのくらいの量があるかを感じたりすると、単に見聞きするのとは異なるレベルで理解していきます。そのために、マリア・モンテッソーリは教具をデザインしたのです。

モンテッソーリの言葉

感覚で世界を探索すれば、知識を得る道が拓けます。わたしたちが用いる、感覚を刺激する教具は、子どもが世界を探索するための道案内をする鍵となります。

——『子どもの心——吸収する心』

手は知を奏でる楽器です。子どもは物を操作し、触って扱って経験する必要があります。

——一九四六年　ロンドンでの講義にて

読み書き

子どもは生まれたときから、環境にある言語と語彙を吸収してきました。話すようになり、言語の理解や表現で幅が広がり、聴覚と視覚で、微妙な差異を識別する感覚を洗練させてきました。なんの音か聞き分けられるようになったら、文字の認識へと移ります。「m」という文字が「ム」という音を、「o」が「オ」を表すことを見て覚えたら、次は二つの文字を組み合わせて「mom」になると学べます。モンテッソーリは小文字を発音で、大文字をアルファベットの名称で教えました。これは読書の前段階としての、記憶力を使った活動に当たります。

このような耳での識別を三歳でできるようになる子どももいれば、五歳でできるようになる子どももいます。識別できるようになるには、声に出して読むことを教えてもらう必要があります。なかには、視覚記憶で読み方を覚える子どももいます。単語を見聞きし、どの単語かを特定し、その意味を思い出します。これは「視読（sight reading）」といいます。聴覚と視覚、両方を使って覚える子どももいるなど、それぞれ覚え方は違います。

モンテッソーリ教育で文字を書く活動を始めるのは、子どもがクレヨンや絵筆を指ではさめるようになってからです。それから、メタルインセッツ（鉄製はめこみ）を使って手の動きをコントロールします。また、砂文字板の文字を繰り返し指でなぞります。指でなぞって形を感じ、なぞったり書いたりする文字の音が組み合わさって単語になると知り、やがて音読し始めます。視覚記憶で読み方を覚えた子どもは、記憶に頼って単語を書きます。左から右へ読み書きする準備として、これまで左から右への動きをともなう教具を使ってきました。モンテッソーリは、四歳から六歳半ごろを読み書きの敏感期だと語りました。

音と文字の関係を学ぶと、数多くの単語を読み書きする知識がついていきます。情報は他人が研究し作成したものですが、知識は自分で研究し構築するものです。子どもに知識を授け、学び続ける力を与えましょう。子どもが自分の力でなにをするかを見守りましょう。

モンテッソーリの言葉

教育における根本的な原則。それは、個々の情報を伝えるだけでは、混乱させるということ。物事の関係を認識させてこそ、知識を与えることになります。

——『児童期から思春期へ』

数

ここまで乳児のころから数え方を練習してきましたが、それは数のお仕事に取り組む基礎となる、記憶力につながります。記憶力には、記号の名前を覚えるスキルも含まれます（「に」は「2」のこと、というふうに）。子どもが理解できるように、一度に見せる物は一つだけにすることを「一対一対応」といいます。子どもが一対一対応で数を理解し始める年齢はさまざまで、三歳ごろの場合もあれば、六歳ごろの場合もあります。この概念は、足し算や引き算を学び始めるために必要です。

一般的に、モンテッソーリ園の教師は子どもが「質量保存」を理解できるようになっているか観察します。つまり、クッキーは半分に割っても量は一枚のままだと理解できているか、それともクッキーが二枚の量になっているとみなすか、ということです。これを正しく判断できるようになるのが五歳ごろの子どももいます。

この年齢層の子どもは、数と量に興味を持ち始めます。数を数え、数字を認識し、一対一対応や質量保存を理解できるようになったら、教具を扱って、数の概念の理解を進められます。一から一〇〇までの数字が書かれたチップを順番に数えて、ボードの数字に合わせて並べていき、それぞれの数字の違いを見ていきます。大きな量を見てとるための金ビーズもモンテッソーリの教具として知られています。教具はメートル法でデザインされているため、アメリカのインチやフィート、オンス、パイント以外の単位に触れられます。

子どもが楽しく取り組むのは、たくさんの貝殻を一から一〇まで数え、一〇ごとにポケットに小石を入れる活動です。貝殻を全て数え終えたら、小石の数一つごとに「一〇、二〇……」と数えていき、一〇に満たなかった端数の貝殻の数を足します。これは十進法を用いたお仕事です。

モンテッソーリの言葉

子どもは万国共通で数が好きです。それは数が、正確性、秩序、知を備えた素晴らしい科学だからです。

——『モンテッソーリの発見』

日常生活と自己管理

あなたのお子さんは徐々に物事を自分でおこなう機会を与えられ、自信を得て自己肯定感を高めてきました。さらなる導きと整えられた環境があれば、驚くほど多くの課題を達成できます。車を洗ったり、庭を手入れしたり、外を掃いたり、落ち葉をかき集めたり、雪かきをしたり。屋内では部屋を掃除し整頓したり、食事の準備を手伝ったり、テーブルをセッティングしたり、片づけたり。自分で着替えるだけでなく、弟や妹の着替えを手伝ったり、植物やペットの世話をしたりするでしょう。あなたのために物を運んでくれたり、頼まれれば家の片づけをしたりするでしょう。これまでのように選択肢を二つ示しても、この年齢になると、家族がなにを期待しているか知ったうえで判断するようになります。

多くの子どもはベッドから自分で降りて、シーツをまっすぐに整え、用意してある二着の服のうち一着を選び、パジャマを脱いで枕の下に置き、着替え、洗面所で顔と手を洗い、歯を磨き、髪をとき、その日の準備をして、もっと難しい課題をこなすようになっているでしょう。

このような自由な動作を可能にする環境が整っていれば、この年齢の子どもは朝ごはんのテーブルセッティングをし、シリアルと牛乳を器に注ぎ、自分で食べ、後片づけができるようになります。きょうだいや親のために、朝ごはんをベッドに持っていくこともできるようになります。

幼稚園に通うのに慣れてきたら、お弁当を包んだり、靴をはいたり、一日の準備をしたりといったことを進んでおこなえるようになります。車に乗ったら、シートベルトを自分で締められます（自転車の場合はヘルメットを自分でかぶれるかもしれません）。

キッチンでは調理器具を扱うことが、小さな筋肉の発達におおいに役立ちます。さらにこの年齢では、数多くの材料から最終的に料理ができあがる様子はとても魅力的に映り、数、科学、技術への興味や想像力をかき立てます。好き嫌いの多い子でも、自分で準備した食事なら食べたがる傾向にあります。

就寝前には、お風呂でできるだけ自分で体を洗い、歯を磨き、着ていた服をかごに入れ、読む本を選びます。

モンテッソーリの言葉

日常生活にかかわる活動や一部の課題に関しては、ひとりで練習させて、達成した満足感を得させるのが最善の道です。モンテッソーリは『モンテッソーリ教育法：子ども・社会・世界』のなかでこう記しています。「特に三歳の子どもの発達を手助けするうえでの基本は、干渉しないことです。干渉すると活動も集中力も途切れてしまいます」

芸術と科学

生まれてからの数年間、子どもはさまざまな機会に、周りの世界にある芸術作品に触れて吸収してきました。三〜六歳の子どもはとても創造的です。芸術の完成品だけでなく、制作過程も感覚的な経験として楽しみます。

また、家にあるさまざまな芸術作品や家具、写真、本など、整えられた環境にある美しい物を目にしてきました。器用になり、自信と集中力がついたいまは、クレヨンやマーカー、チョーク、絵筆、はさみ、塗料、のり、きらきら光る飾り、粘土、水彩絵の具などさまざまな道具を使って芸術作品を制作できるようになりました。さまざまな道具の技法を覚えたら、独自の芸術作品を制作できるようになります。三～六歳の子どもは美術館へ連れていくと、点描画法や印象派、現代美術の区別がつくようになります。

あなたはお子さんが乳児のころから、歌を歌って聞かせ、さまざまなジャンルや文化の音楽や歌を聞かせてきました。いまでは自分で歌を作れるようにさえなっているかもしれません。この段階になると、できあがった創造物をお子さんと一緒に楽しめるでしょう。

子ども向けのさまざまな楽器教室もあります。お子さんが習いたいと興味を示し、好きになったら、それは素晴らしいことです。きっと楽しい経験になるでしょう。

この年齢の子どもは植物の成長を見守ったり、オリジナルのダンスの振り付けを考えたり、動物のまねをしたり、ボウルのなかの材料が見違えるような美味しい料理に生まれ変わったりといった、さまざまなわくわくする出来事に取り囲まれています。こうしたわくわく感は生活のなかで育まれ、大きくなっていきます。子どもたちが身の回りを探索する自由と自信を得て成長し、より良い世界を作り上げていってほしいと、モンテッソーリは願いました。

音楽を感じましょう。しっかりとやりとげた満足感を覚えましょう。お子さんの能力がどのようなものであったとしても、機会を与えてきたあなたは、安らぎと平穏を感じられるでしょう。

モンテッソーリの言葉

お仕事を達成した満足感は、音楽で得られるような優美さと安らぎを与えてくれます。

――『子どもの発見』

タラ・グリーニー　Tara Greaney

ニューヨーク市のモーニングサイド・モンテッソーリスクール校長。ニューヨーク市で初のモンテッソーリスクールである、マンハッタンのアッパーイーストサイドのキャドモン・スクールにおける早期教育プログラムの指導者を務めた後、同市で初めての児童養護団体であるクラバス・チルドレンズ・センターを設立。さらに同センターの理事を二七年間務めるなど、子どもの早期教育の分野に四〇年以上取り組む。また、ウェストサイド・モンテッソーリスクール教師養成プログラム（WSMS-TEP）の、乳幼児期の子どもを対象にした教師トレーニングプログラムの創設時の指導メンバーも務めた。児童期初期と乳幼児期の両方を対象にしたアメリカン・モンテッソーリ協会（AMS）の教員資格を取得。バンクストリート・カレッジで教育リーダーシップの理学修士号を取得。

久保　陽子　くぼ　ようこ

1980年生まれ。東京大学文学部英文科卒。出版社で児童書編集者として勤務ののち、翻訳者になる。訳書に『ハートウッドホテル』シリーズ（童心社）、『四角六面　キューブとわたし』『いま、翔び立つとき　女性をエンパワーすれば世界が変わる』（ともに光文社）など。

田中　昌子　たなか　まさこ

エンジェルズハウス研究所（ＡＨＬ）所長。モンテッソーリＩＴ勉強会「てんしのおうち」主宰。国際モンテッソーリ協会（ＡＭＩ）公認モンテッソーリ教師。上智大学文学部卒。日本航空勤務の育児休職中にモンテッソーリ教育に出あう。自身の経験から二〇〇三年より、おうちでできるモンテッソーリ教育が学べる親向けのＩＴ勉強会「てんしのおうち」を主宰。三万件以上の質問に回答し、卒業生は八百人を超える。著書に『お母さんの工夫　モンテッソーリ教育を手がかりとして』（相良敦子共著、文藝春秋）、『モンテッソーリで解決！　子育ての悩みに今すぐ役立つＱ＆Ａ68』（講談社）、監修書に『親子で楽しんで、驚くほど身につく！　こどもせいかつ百科』（講談社）など。

0歳からの ニューヨーク流
おうちでできるモンテッソーリ教育《きょういく》
こころライブラリー

2023年1月24日 第1刷発行

著者 タラ・グリーニー
訳者 久保陽子《くぼようこ》
日本語版監修 田中昌子《たなかまさこ》
発行者 鈴木章一
発行所 株式会社講談社
〒112-8001 東京都文京区音羽2丁目12-21
電話 編集 03-5395-3560
販売 03-5395-4415
業務 03-5395-3615
印刷所 株式会社新藤慶昌堂
製本所 株式会社若林製本工場

KODANSHA

ISBN978-4-06-527499-6
N.D.C.599 221p 19cm